あれからどうなった？ マイナンバーとマイナンバーカード

待ち受けるのはプロファイリングと選別

黒田 充
（自治体情報政策研究所代表）

日本機関紙出版センター

まえがき

◆帝国個人識別番号登録簿

発行された帝国個人識別番号は登録簿に記録されます。登録簿の機能は、次のような質問に対する答を提供することです。

1　帝国個人識別番号　116061 3/1 34は誰か？

2　1913年6月16日にコトブス[1]で生まれたウォルター・シュルツの帝国個人識別番号は何番か？

登録簿は、3つのコピーからなるパンチカードを使った登録簿です[2]。最初のコピー（赤いストライプが付けられた）は、帝国個人識別番号に従って分類され、最初の質問に関する答を提供します。2番目のコピー（青いストライプが付けられた）は、名前のABC順に並べられ、2番目の質問に関する答を提供します。

3番目のコピー（ストライプなし）は、マスターファイルとして機能し、爆撃や火災に耐えられる所で保管されます。コピー1や2が破壊された場合、マスターファイルである3番目のコピーからカード複製機とパンチカードのデータ処理装置によって再作製されます。

◆帝国個人識別番号の付番

a）出生時

帝国個人識別番号は、登録事務所によって付番され、出生証明書に記入されます。各登録事務所には、出生数に応じて特定の数の番号があらかじめ割り当てられています。番号は、出生地がわかるような形で体系的に構成すべきではありません。このシステムでは複数桁の番号を使いますが、桁数は最小限になるようにしなければなりません。

b）現に生存している者

現に生存している者への帝国個人識別番号の付番は登録事務所ではできません。それは帝国個人識別番号のインデックスを管理する中央事務局のシステムによって段階的に行わなければなりません。その際には、2つの原則を遵守する必要があります。

1　各人が受け取ることができる番号は1つだけです。

2　特定の番号は1人にのみ付番されます。

識別番号は、磁気穿孔機で穴をあけることでパンチカードに記録されます。その後、カードは登録事務所別に分類され、表形式のリストとそのコピーが作られます。リストの最初のコピーは、要求元である登録事務所が帝国個人識別番号を全てのカードと身分証明書に記入するために使われます。国防軍の計算局の地区事務所も、パンチカードに識別番号を付け加えるためにリストのコピーを受け取ります。

リストを作成した後、パンチカードは2回コピーされ、登録簿の1及び2、3に格納されます。

◆個人識別書類

帝国個人識別番号の導入とそれに伴う作業は、番号付番後、直ちに、身分証明書、パスポート、軍用身分証、給与台帳、医療記録、軍歴簿、配給証など全ての登録簿やカードに、番号が記載されるとともに、変更情報が自動的に報告されるようになって初めて意味を持ちます。帝国個人識別番号が記入されていない書類に番号がすぐに記入されるよう、全ての様式には記入欄を設けなければなりません。

………………………………

さて、以上は誰が何について書いたものでしょう。マイナンバー(個人番号)制度の解説？　いいえそうではありません。1944年11月、ナチス・ドイツの官僚が当時導入が図られていた個人識別番号について書いたものです。全面戦争を遂行するには最新の専門知識に基づく人的・物的戦力を登録し評価する統一されたシステムをドイツ大帝国の行政機関に再構築することが必要だとするヒトラーの命令に応え、東西から連合軍が迫っているにもかかわらず、官僚たちは番号制度の構築に汗を流していたのです。もちろん翌年5月の敗戦までに完成することはありませんでした。

この文書は、Götz Aly, Karl Heinz Rothによってドイツで2000年に刊行された"Die restlose Erfassung: Volkszaehlen, Identifizieren, Aussondern im Nationalsozialismus"(『完全な登録：ナチズムのもとでの国勢調査、本人確認、選別』)に掲載されたものです。同書は、アメリカのIBM社がド

イツの子会社「デホマク」を通じて提供していたパンチカードシステムが、ナチス・ドイツによって国民や占領地の人々の管理や動員、ユダヤ人の選別などにどのように利用されたのか、そこに国勢調査はどう使われたのか、そして統計学者などの科学者たちはそれにどう関与し、戦後、彼らはどのように処遇されたのかを歴史学者であるゲッツ・アリーらが調査し、まとめたものです。

マイナンバー制度の問題点をナチス・ドイツと絡めて話すと、しばしば出て来るのが、「何でもかんでもナチスやヒトラーを持ち出すのはいかがなものか」の声です。しかし、ナチスを持ち出しているのは私だけではありません。「日本経済新聞」（２０１６年5月23日）に、ＥＵの行政執行機関である欧州委員会の司法・消費者総局データ保護課長のブルーノ・ジェンカレッリ氏へのインタビューが掲載されています。「個人情報保護に注力する理由は」との問いに対し、彼は「ＥＵは個人情報保護を基本的権利と位置づけている。第２次世界大戦時、あるいは共産圏などではつい最近まで、個人の権利が国によって侵害された歴史がある。その反省からＥＵ加盟国の憲法にはプライバシー権が明記されている。個人情報の保護もその一環だ」と答えています。ＥＵのプライバシー保護政策は、歴史の教訓を踏まえたものであり、ナチスが起こしたことは、東側で起きたことと同じく過去のお話ではなく、現実の政治に反映しているのです。後で詳しく述べますが、特に現代のドイツでは帝国個人識別番号や日本のマイナンバーのような共通番号制度は憲法違反とされています。

マイナンバー制度が始まってからまもなく5年です。マイナンバー制度は、今、どうなっているのでしょう。政府の思わく通りに進んでいるのでしょうか。そして、これから先、どう進められようとしているのでしょうか。

マイナンバーカード（個人番号カード）の普及は、政府の当初計画ほどには進んでいません。マイナンバーで生活が便利になったと感じている人もほとんどいないでしょう。そんな有様ですから、マイナンバー制度はもう失敗したと言う人が結構います。特別定額給付金のオンライン申請がうまく行かなかったことから、こうした声は大きくなっているようです。では本当に失敗したのでしょうか。

一方、マイナンバーを銀行口座に紐付ける話が本格化しており、人々の間に不安の声が広がっています。また、マイナンバーカードが健康保険証にもなることに対し、医療関係者を中心に、その必要性に疑問の声が上がっています。そして新型コロナウイルスで多くの人たちが困っている最中に、マイナンバーカードでポイントがもらえるマイナポイント事業に多額の予算を注ぎ込むのは、おかしいだろうとの声も聞こえてきます。

勤務先へのマイナンバーの提出や、役所へ出す書類にマイナンバーを記入するのが当然のようになり、マイナンバーへの違和感を覚えなくなっている人も多いかも知れません。しかし、このままずるずるとマイナンバー制度に私たちは応じていって良いのでしょうか。その先には、果たしてどんな未来が待っているのでしょう。

筆者は制度が始まった直後の２０１６年2月に『マイナンバーはこんなに恐い！　国民総背番号制が招く〝超〟監視社会』をこの本と同じ日本機関紙出版センターから上梓させていただきました。マイナンバーが付番されてから4年が過ぎた今、あれからどうなったのかを、これからどうなるのかを見ていくことで、あらためてマイナンバー制度の問題点や危険性を、より一層明らかにしたいと考え、本書を執筆しました。

残念ながら人々のマイナンバー制度への関心はそれほど高くなく、反対運動も住民基本台帳ネットワークの時ほど盛り上がっていません。制度は失敗したとの誤解がある一方、諦めムードも広がっているように見受けられます。拙い論考ではありますが、本書が、マイナンバー制度の狙いや本質、何をもたらすことになるのか、どうすれば良いのかの議論を多少なりとも巻き起こし、制度を見直す一助になればと思います。

なお、本書には行政文書からの引用が多数あります。そのため読みづらいかも知れませんが、政府が何を言っているのかを正しく知らないと、何が問題なのかを正確に理解することはできません。我慢して読んでいただくしかありません。また引用にあたっては文書の名称と作成または公表した行政機関等や日付をできる限り記しました。グーグルなどを使って検索していただければ、インターネット上に比較的簡単に見つけることができるかと思います。

それからもう一点。原稿は2020年8月に書いたものです。マイナンバー制度をめぐる動きは大変速く、政府部内では関係する会議や検討会などが矢継ぎ早に開かれ、次々と文書が出されています。そのため必ずしも現状を正確に反映しているものとはなっていません。その点はご容赦ください。

1 ドイツ東部の都市 Cottbus

2　パンチカードシステムは、紙製のパンチカード（横18・7センチ×縦8・3センチ）に穴（パンチ位置は横80列、縦12列）を空けることで文字や数値などのデータを記録し、設定されたプログラムに従って、このカードを分類装置で並べ替えたり、仕分けしたりすることで、大量のデータを処理するシステムです。現在のコンピューターの前身の一つで、アメリカ人のハーマン・ホレリスが1890年の国勢調査の集計に向けて発明しました。ホレリスが創業したIBM社は、第2次世界大戦前からアメリカ政府だけでなく、ドイツやフランス、イギリス、オーストリア、オランダ、ベルギー、イタリア、ノルウェー、ロシアなど世界各国に国勢調査の集計などを行う目的でパンチカードシステムを提供していました——販売ではなくリース契約という形で。また、ホレリスのシステムは、穴が空けられたたくさんのカードの中から、特定の条件に合ったカードを選び出すこともできました。なお、戦前の日本でもホレリスのシステムは保険会社などで使われていましたが、国勢調査に使われたパンチカードシステムは別の会社のものでした。

目次　あれからどうなった？　マイナンバーとマイナンバーカード
～待ち受けるのはプロファイリングと選別

第2章　マイナンバー　今、どうなっている　35

第6章 マイナンバーカードが健康保険証に 163

第1章

マイナンバー制度は失敗したのか

1　なぜ10万円給付のオンライン申請はうまくいかなかったのか

■振込用口座の登録義務づけとマイナンバーの紐付け

２０２０年６月９日、高市早苗総務大臣は記者会見で「多様な給付を行うため、全ての国民の皆様に、『行政からの様々な給付を受けるために利用する一生ものの口座情報』を、１口座のみ、マイナンバーを付番して登録していただくための制度」を政府提出法案として準備を進めたい、「できれば義務化をさせていただきたい」と述べました。理由は住民票のある全ての国民と中長期在留者や特別永住者等の在留外国人（以下、「国民等」）に一律10万円を給付する「特別定額給付金」では、振込口座を申請してもらう必要から、申請者や確認作業を行う職員などに大きな負担が生じてしまった。しかし、マイナンバーと給付口座を紐付けておけば、速やかに給付ができるというものです。

高市大臣の話とは別に、記者会見の前日、自民・公明・維新の共同提案により、「特別給付金等の迅速かつ確実な給付のための給付名簿等の作成等に関する法律案」が国会に提出されています。法案は緊急時の給付金の事務について、マイナンバーを利用できるようにするとともに、申出に基づき、振込口座をマイナンバー付きで国に登録してもらうというものです。

高市大臣の案は登録を「義務化したい」、自・公・維の法案は「任意」です。果たして、迅速な給付を図るためには、義務か任意かは別にしても、こうした紐付けは本当に必要なのでしょうか。

■給付にはマイナンバーは使われず

特別定額給付金の申請書が住民から市・区役所や町・村役場（以下、「市役所等」）に返送されて来ると、職員は辞退者の有無を確認し、記入されている振込先口座を添付された預金通帳やキャッシュカードのコピーと照らし合わせます。間違いがなければ、振込みのためのデータを作成し金融機関に送ることで振込みは行われます。ここまでマイナンバーは一切使われません。どうしてでしょう。マイナンバーは市役所や税務署、年金機構などの行政機関等が国民等の個人情報をやりとりする際に使われるものです。給付金支給は市区町村の仕事です。他の行政機関等は全く関係していません。だから使われていないのです。

一方、パソコンやスマートフォン（以下、「スマホ」）を使ったオンライン申請の場合、マイナンバーカードを使います。そのためマイナンバーが使われているように見えます。しかし、こちらでも使われていません。使われているのはマイナンバーカードの中のＩＣチップに記録されている公的個人認証の電子証明書です。

郵送申請の場合は、申請書に押印かサインをします。しかし、オンラインではどちらもできません。その代わりになるのが電子証明書です。電子証明書は実印と印鑑証明を併せたようなもので、申請した者が本人であることを証明する仕組みになっています。ただし、電子証明書を使うにはマイナンバーカード交付時に設定したパスワード（暗証番号）が必要なうえ、有効期限があり、発行日から5回目の誕生日を迎えると使えなくなります。感染拡大の不安が広がる中、忘れてしまったパスワードの再設定や、有効期限が切れたために再発行を求める長い行列が各地の市役所等にできました。

■オンライン申請は混乱を招いただけ

世帯主に郵送で届く申請書には、あらかじめ世帯主を含め世帯全員（同居している家族等）の氏名や生年月日などが住民票をもとに印刷されています。申請者が記入する必要はありません。一方、オンライン申請では、家族等の氏名などは申請者である世帯主が自分で入力します。市区町村の職員は、オンラインで届いた申請書を一つずつ見て、申請者は世帯主なのか、家族の名前は正しいのか、別世帯の人や架空の人が入っていないかなどを住民票と照合しなければなりません。郵送による申請の場合には必要のない作業です。

政府はマイナンバーカードを使えば、申請は簡単、給付も早いと宣伝してきました。マイナンバーカードの普及を進めたいからでしょう。しかし、新聞やテレビなどで盛んに報じられたように、入力間違いがあまりにも多く（例えば「河北新報」（2020年5月23日）によれば秋田市ではミスが7割近くに達した）、住民票との照合作業に手を取られ、申請者への確認や問い合わせが必要なケースも多々あり、振込みが郵送申請よりも遅くなってしまう場合すら出てきました。市区町村の多くはオンラインよりも郵送でと呼びかけ、6月半ばまでに青森や秋田、さいたま、千葉、世田谷、杉並、川崎、大津、大阪、岡山、高松、高知、宮崎など、80近い市区町村がオンライン申請を早々と中止しました。

住民票との照合作業は、オンライン申請の際に世帯主のマイナンバーの入力を求めたところでなくなりません。なぜなら、マイナンバーを入力しなくても申請者の氏名等はマイナンバーカードのＩＣチップから自動的に得られるからです。入力間違いが起きるのは家族等の氏名などの方です。申請者である世帯主のマイナンバーから、家族等のマイナンバーを調べ、氏名などを自動的に入力するシステムを作ることは可能でしょう。しかし、簡単ではありません。マイナンバーを使って個人情報をやりとりするシステムに住民票の情報を送っているのは、住民基本台帳ネットワーク（以下、「住基ネット」）です。しかし、住基ネットの「サーバー」（情報ネットワークを介して、他のコンピューターにファイルやデータなどを提供するＩＴ機器）は氏名や住所、性別、生年月日などのデータは持っていますが、誰が世帯主で、誰と誰が同じ世帯なのかの世帯情報は持っていません。世帯情報を持っているのは住民票を管理している市役所等のサーバーだけです。世帯主のマイナンバーを入力しただけで、画面に家族等の氏名などが自動的に表示されるようなシステムを作るには、住基ネットも含めマイナンバーのシステム全体の根本的な改修が必要となるでしょう。もちろん住民基本台帳法（以下、「住基法」）の改正も必要です。

今後、大規模な感染拡大が再び起きれば、2回目、3回目の給付も必要になるかも知れません。今回の申請書に記入された口座番号を次にも使えるよう市区町村で記録しておけば、次回の振込みはすぐにできるでしょう。マイナンバーの出る幕は、もちろんありません。

■申請者の世帯主限定とマイナンバー利用は別の話

給付金の申請は、世帯主が家族の分も含めて一括して行うようになっています。なぜ世帯主が一括してとなったのでしょう。給付金を支給する根拠となっているのは「特別定額給付金給付事業実施要領」（総務省自治行政局地域政策課特別定額給付金室長から各都道府県特別定額給付金担当部長及び各指定都市特別定額給付金担当部長宛の令和2年4月30日付け事務連絡）です。そこには「特別定額給付金の申請・受給権者は、その者の属する世帯の世帯主であること」と書かれています。これが根拠となって、全ての市区町村は世帯主にだけ申請を求めているのです。

申請書は住民票の記載をもとに市区町村が作成し、郵送します。住民票がもとですから申請書を世帯主だけに限らず、家族全員に個別に作成し送ることも可能です。しかし、政府はそれをやらなかった、市区町村にやらせなかったのです。

世帯主に限定したことで、様々な問題が吹き出しました。「朝日新聞」（2020年6月14日）は「世帯主ではなく個人に給付して」と声が上がっているとして、「もう給付されているはずなのに1円ももらってない。世帯主はパソコン買おうかなとか言っている」「うちは、高齢の父親が世帯主。渡してもらえるかどうか、入金されたかどうかすら分からない」といったネット上での声を紹介しています。

給付制度を作った閣僚や官僚の中に、世帯主を旧憲法下の戸籍制度にあった家の統率者・支配者である戸主のように捉えている人たちが未だにいるのかも知れません。世帯主にのみ申請権、受給権を与え、その他の世帯員に与えなかったことは、実施要領が給付金の対象者を「令和2年4月27日において、住民基本台帳に記録されている者」としたことと矛盾しています。

実施要領の問題点は他にもあります。DV（家庭内暴力）等からの避難者や、施設入所中の子ども、措置入所中の障害者・高齢者など住民票と異なる場所に住む人については、居住地もしくは施設の所在地の市区町村に申請できる（世帯主でなくても）とする柔軟な対応を市区町村に求める一方、ホームレスについては「居住市区町村において住民基本台帳に記録されたときは、当該居住市区町村において申請・受給権者とすること」として、住民登録を行うことを条件としています。しかし、住む家がないからホームレスなのであり、住民登録が困難なのです。こうした規定はホームレスを給付金受給から排除することになります。では、マイナンバーを活用すれば解決するのでしょうか。マイナンバー制度は住民票に基礎を置いていますから、住民票がなければ活用することはできません。ホームレスの申請・受給の権利を守り、いかに給付を行っていくかは、マイナンバー制度とは全く別の問題です。

■全ての口座への紐付けはどうなる

それでもなお、口座とマイナンバーの紐付けをと言うなら、政府は一体いつまでに完了させるつもりなのでしょう。制度を考え、法律を通し、記録システムを作り、全ての国民等が口座を届け終えるまでに何年かかり、どれだけの予算が使われるのでしょう。登録の受付は誰がするのでしょう。マイナンバーカードを使ってオンラインで申請させるのはどう考えても無理です。市区町村で受け付けるなら、今回の給付申請と同様にマイナンバーの出る幕はありません。高市大臣は登録を義務にと言いますが、嫌だという人には給付をしないのでしょうか。口座を持たない人はどうするのでしょう。現実を見ない絵に描いた餅のような話です。こうした無駄な仕事にではなく、今、コロナ禍でまさに困っている国民の生活を守ることにこそ予算も人も使うべきではないでしょうか。

ところでマイナンバーと口座を紐付ける話は今回はじめて出てきたものではありません。マイナンバー制度が始まる前からありました。マイナンバーが住民票のある全ての国民等に付番されたのは2015年10月、行政機関等によるマイナンバーの利用が始まったのは翌年の1月です。その半年前の2015年6月30日に閣議決定された「経済財政運営と改革の基本方針2015～経済再生なくして財政健全化なし～（骨太の方針2015）」には[3]、医療保険、介護保険についてマイナンバーを活用した「金融資産等の保有状況を考慮に入れた負担を求める仕組み」を検討すると書かれていました。これは預貯金の額をマイナンバーで把握し、保険料額を決めようという考えです。もちろんマイナンバーを紐付ける対象は全ての口座です。

一方、高市大臣は、届出は1口座のみであり、全ての口座についてマイナンバーを紐付けるものではないとしています。しかしだからといって、政府が全ての口座にマイナンバーを付けるのを諦めたわけではありません。高市氏は総務大臣ですからマイナンバー制度は所管ですが、金融も所得税も社会保障も所管外です。高市大臣が全ての口座へのマイナンバーの紐付けの義務化は行わないと言ったところで、それはいかなる保証にもなりません。

2020年5月19日に自民党政務調査会マイナンバーPT（座長：新藤義孝・衆議院議員）が行った「マイナンバー制度等の活用方策についての提言」には、「口座紐付けの義務化を目指し、政府に令和2年中に結論を得るよう要請する」「義務化する法案について令和3年度の国会提出を目指すべき」との文言が見られます[4]。また、2020年7月17日に閣議決定された「経済財政運営と改革の基本方針2020～危機の克服、そして新しい未来へ～（骨太の方針2020）」も、「公平な全世代型社会保障を実現していくため、公金振込口座の設定を含め預貯金口座へのマイナンバー付番の在り方について検討を進め、本年中に結論を得る」としています。義務化は自民党の既定路線であることは明らかです。

3 「骨太の方針」は、税財政や経済政策に関する基本運営方針の通称で、重要課題や翌年度の予算編成の方向性を示すものとして、小泉政権下であった2001年以降（民主党政権下の2010～12年は中断）、毎年、6月前後に経済財政諮問会議からの答申を受け閣議決定されています。経済財政諮問会議は内閣府のもとに置かれた行政組織で、内閣総理大臣からの経済財政策に関する重要事項についての諮問に応じ答申を示します。なお、同会議の議長は内閣総理大臣で、官房長官や財務大臣などの閣僚と有識者が構成員となっています。

4 提言は「特別定額給付金の支給にあたっては、マイナンバーカードを活用したオンライン申請により迅速な支給が実現し、国民のマイナンバー制度の関心・期待も高まっている。しかし、マイナンバーカードを保有していない多くの国民にとっては依然として郵送手続きにより支給の遅れが目立ち」と、まるで異世界に住むような状況認識をしています。こうした明らかに間違った認識を持つ人たちによって、マイナンバー制度が進められていくことに対し、筆者は強い危機感を感じます。

2　マイナンバーとマイナンバーカード

■マイナンバー制度は失敗したのか

マイナンバーは、「行政手続における特定の個人を識別するための番号の利用等に関する法律」（以下、「番号法」）に基づき、2015年10月5日に住民票のある国民と中長期在留者や特別永住者等の在留外国人に付番された、重複することのない、原則として一生涯変わらない12桁の番号です。付番されたマイナンバーは「通知カード」によって国民等に通知されました。

一方、マイナンバーカードは、2016年1月から市区町村が取得を希望する住民からの申請により交付を始めたものです。2015年5月20日に開催された高度情報通信ネットワーク社会推進戦略本部（以下、「IT総合戦略本部」）マイナンバー等分科会第9回会合に福田峰之内閣府大臣補佐官（当時）が提出した「マイナンバー制度利活用推進ロードマップ（案）」は、2019年3月末までに8700万枚交付するとしていました。しかし、2020年7月1日現在、交付枚数は2225万枚、国民等に対する交付率は17・5％に留まっており、制度スタート前の計画に比べ大きく遅れています。

ところで、マイナンバー制度によって何かが便利になったでしょうか。市役所等や税務署などへ出す書類にマイナンバーを書かされたり、通知カードやマイナンバーカードのコピーを付けて勤務先に届け出たりする面倒が増える一方、「漏れたら怖い」という不安が増しただけ、何の役にも立っていないと多くの人たちは感じているのではないでしょうか。では、マイナンバー制度は失敗したのでしょうか。

■マイナンバーの役割は個人情報の名寄せ

市役所等や都道府県庁、税務署、日本年金機構、健康保険組合などの行政機関等は私たち国民等の個人情報をたくさん持っています。しかし、これらの情報は別々のサーバーに記録され管理されていますから、例えば市役所がAさんに関する個人情報を他の行政機関から集めようとしても簡単ではありません。照会文書を郵便で送って回答が届くのを待つことになります。これでは手間と時間がかかってしまいますから、コンピューターネットワークを作って氏名で検索できるようにするとします。確かに早くなるでしょう。しかし、Aさんと同姓同名の人がいて、おまけに生年月日が同じだったりすれば取り違える可能性があります。また、検索する際の氏名の文字が不正確——例えば齋藤を斎藤と入力したり、幸子（サチコ）をユキコと入力したり——だと、うまく見つけることもできないでしょう。また、同一人物にもかかわらず行政機関によって氏名の表記に差違がある——例えば住民票では黒田なのに日本年金機構では黒田となっている——場合もうまく集めることができないかも知れません。

そこで、行政機関等のサーバーに別々に記録されているAさんの個人情報全てに共通の番号を付けます。帝国個人識別番号のように「各人が受け取ることができ番号は1つだけ」とし、「特定の番号は1人のみに付番され（る）」ようにすれば、同姓同名の人がいたとしても、たとえ文字や読みが異なっていても、さらには婚姻等で姓が変わっても、番号だけで確実にAさんを特定でき、Aさんの情報を正確に集めることが可能になります。間違うことはありません。これが共通番号を使った「名寄せ」です。

内閣府がマイナンバー制度の説明資料として公開している「マイナンバー　社会保障・税番号制度概要資料（令和2年5月　内閣官房番号制度推進室　内閣府大臣官房番号制度担当室）」の「マイナンバー制度の意義について」（43ページ**図1**）にはこうあります。「マイナンバー制度は、複数の機関に存在する特定の個人の情報が同一人の情報であるということを確認するための基盤であり、社会保障・税制度の効率性・透明性を高め、国民にとって利便性の高い公平・公正な社会を実現するための基盤（インフラ）」として、「国の行政機関や地方公共団体がそれぞれで管理している様々な同一人の情報をオンラインで紐付けし、相互に活用」する「情報連携」を行うものだと書かれています。

これは、マイナンバーの役割は、共通番号として行政機関等のサーバーに別々に記録されている国民等の個人情報を名寄せをするものだという意味です。そして、このマイナンバーを使った情報連携を実現するために、番号法に基づき行政機関等のコンピューターを結ぶ情報提供ネットワークシステムが構築され、２０１７年11月から本格運用されています。

■マイナンバーの利用範囲とは

マイナンバーの利用範囲は番号法により限定されています。番号法の別表1には、マイナンバーを利用できる行政機関等とその事務が列挙されています。また、自治体がマイナンバーを利用できると条例で定めた事務を行う際にも利用できます。マイナンバーを内容に含む個人情報と言いますが、別表2には、情報提供者が情報照会者に特定個人情報を情報提供ネットワークシステムを使って提供して良いとされている事務が列挙されています。

ただし、これら別表に列挙されている事務は、ごく大きな括りに過ぎず、その具体的な内容は省令等に規定されています。例えば別表1の2項には、マイナンバーを利用できる組織の一つとして「全国健康保険協会又は健康保険組合」があげられていますが、利用できる事務は「健康保険法による保険給付の支給、保健事業若しくは福祉事業の実施又は保険料等の徴収に関する事務であって主務省令で定めるもの」と極めて大雑把です。これでは国会審議も経ずに、省令さえ書き換えればいくらでも利用範囲を拡大できてしまいます。

なお、国会の審査・調査、裁判所での手続き、刑事事件の捜査などの他、政令で定める「公益上の必要があるとき」については、特定個人情報提供の制限を受けません（番号法19条14号）。「公益上の必要があるとき」は、番号法施行令により独占禁止法の処分・犯則調査、少年法の調査、破壊活動防止法の処分請求・審査、暴力団対策法の立入検査、不正アクセス禁止法による申出、組織犯罪処罰法による共助などを含む26項目と定められています。この場合の情報提供には情報提供ネットワークシステムは利用されませんから、後で述べるマイナポータルの「情報提供等記録表示（やりとり履歴）」には表示されません。

注意しなければならないのは、マイナンバーのような多目的に利用すること、名寄せに使うことを前提とした共通番号制度と、目的や用途が狭く限定されている番号制度は違うことです。例えば住民票コードは、住民票のある全ての人に付番されていますが、住基法によって利用目的や利用できる行政機関等の範囲が厳しく限定されており、マイナンバーのような名寄せには使えません5。年金加入者に付番されている基礎年金番号も住民票コードと同様に国民年金法などで利用制限がなされています。筆者は、共通番号制度であるマイナンバー制度には反対していますが、利用目的が限定された番号制度も含めた全ての番号制度に反対しているわけではありません。議論を混同しないようにする必要があります。

■番号法の改正と名寄せの拡大

マイナンバーによる名寄せは、マイナンバーカードの普及の遅れとは無関係に確実に進んでいます。番号法は2013年5月の制定以降、四十数回にわたって改正されていますが、ほとんどの人たちは知らないのではないでしょうか。マスコミはほとんど取り上げませんし、安倍政権のもとでは国会審議も充分なされて来なかったからです。

制定時に番号法の別表1に列挙されていた事務は93でしたが現在は99に、また別表2に列挙された事務は115から126に増えています。大して増えていないようにも見えますが、実際のところは番号法だけでなく、省令も丁寧に見ていかないと、マイナンバーを利用できる事務、すなわちマイナンバーを使って個人情報を名寄せできる事務がどれだけ増えたのかはわかりません。

役所などへの手続きの際に、住民票の写しや課税証明書を付けなくてすむ手続きは、2017年11月には850ほどでしたが、今では2000ほどに増えています。手続きをする本人に頼らなくとも役所がマイナンバーを使って必要な情報（例えば所得情報）を他の役所から取り寄せること、すなわち名寄せができるようになったからです。これは番号法や省令の改正、情報提供ネットワークシステムの整備が進んだためです。

情報と情報を結び付けることを「紐付け」といいますが、現在、マイナンバーに紐付けられ名寄せできるのは所得税や住民税、年金、健康保険、雇用保険などの情報です。預貯金口座については任意ですが、義務付けの話が出てきていますし、預貯金以外の資産への紐付けの話も取り沙汰されています。また戸籍への紐付けは法改正により2023年頃までには始まる予定です。今後の焦点は、カルテやレセプト（診療報酬明細書）、健診結果などの医療情報との関係です。

以上のように、マイナンバーは制度としては全く失敗しておらず、むしろ順調に成長し続けているのです。行政機関等への届出の際などに添付書類が減るなど、国民等が便利になる面も多少はあるでしょうが、本当に便利になるのは名寄せを行う行政機関等です。私たちは行政機関等が利用しやすいように、届出書類等にマイナンバーを書かされているだけなのです。

この「書かされている」という点で知っておくべきことがあります。それは行政機関等に出す書類にマイナンバーを書かなくても、行政機関等は提出者のマイナンバーを番号法に基づき必要に応じて調べ、提出書類に記載された個人情報をマイナンバーと紐付けた形でサーバーに記録できることです。特に住民票のある市役所等に出した書類の個人情報は、転居等の異動情報を反映させるため、一般に住民票（マイナンバーも記載されている）と紐付けられた形でサーバーに記録されますから、職員がマイナンバーをわざわざ調べる必要すらありません。残念な話ですが、マイナンバーを書いても書かなくても結果的に同じことになります——もちろんマイナンバー制度反対の意思表示としての意味はありますが。

■マイナンバーカードのサービスは〝おまけ〟

コンビニエンスストア（以下、「コンビニ」）での「住民票の写し」の交付（以下、「コンビニ交付」）や、図書館利用カードなどにマイナンバーカードを使う市区町村が出てきています。これらのほとんどは、マイナンバーカードの公的個人認証の電子証明書によって実現されています。マイナンバー自体は使われていません。また、マイナンバーカードをコンビニ交付や図書館などで利用したことによって、個人情報がマイナンバーに新たに紐付けられることは、少なくとも現時点ではありません。

マイナンバーカードは、行政機関等に対しマイナンバーを告げる際に、これは私のマイナンバーだと証明する書類、通知カードや「マイナンバーを記載した住民票の写し」などと同様に本人確認のための書類の一つに過ぎません。コンビニ交付等のマイナンバーカードを利用したサービスは、マイナンバーカード本来の役割である本人確認としての機能とは、全く別のいわば〝おまけ〟のようなものなのです。

行政機関等はマイナンバーカードを使って集めた個人情報にマイナンバーを紐付けるのではなく、すでに保有している国民等の個人情報にマイナンバーを紐付けることで名寄せを行っています。ですから仮にマイナンバーカードが全く普及しなくとも、行政機関等はマイナンバーを使って他の行政機関等が保有する同一人物の個人情報を引きだし、名寄せをすることができるのです。マイナンバーカードの普及が遅れていることをもって、マイナンバー制度が失敗したとするのは、とんでもない見当違いです。

では、〝おまけ〟だからたいしたことないと思うとそれも大間違いです。マイナンバーカードは中に公的個人認証の電子証明書を持っていることから、健康保険証としての利用をきっかけに大化けする可能性があるのです。それはマイナンバー制度が目指してきた個人情報の名寄せとは全く別のもの、万能の身分証明書としての役割です（第7章参照のこと）。

5　共通番号化を目指していた住民票コードの利用範囲が厳しく限定されたままになったのは、違憲訴訟を含む広範な住基ネット反対運動があったからです。

第2章

マイナンバー
今、どうなっている

1　マイナンバー制度は何のため？

■プロファイリングとは

対象とする特定の人物に関する様々なデータを名寄せすることで、コンピューター上などに、その人物像を仮想的に作り出すことを「プロファイリング」といいます。プロファイリングすることで、その人物の将来予測（シミュレーション）や、リスク評価が可能になり、対象者を特定の基準に従って評価し、分類や選別、等級化などを行い、特定の目的に沿って対象者への働きかけや干渉、すなわち誘導や制限、排除、時には優遇などができるようになります。例えば、行動や購買の履歴から顧客の所得や趣味を推測し、購入の可能性の高い商品の案内を効果的に行う、行動履歴からわかった生活習慣や健診結果から病気になる可能性を予測し生命保険料を引き上げる、ツイッターやフェイスブックへの投稿や読書傾向からテロを起こす可能性があると判断し航空機への搭乗を断る、こうしたことが可能になります。

もっとも、今、この本を読んでいる「あなた」とプロファイリングで得られた〝あなた〟とは、ほとんどの場合一致しません。あくまでも得られたあなたに関するデータから作られた〝虚像〟であり、あなたをプロファイリングする者による勝手な決めつけに過ぎません。しかし、その虚像の〝あなた〟をもとにした評価によって「あなた」は分類、選別、等級化され、誘導、制限、排除、優遇などを受けるのです。こうした虚像は、私たちが意識することのないまま収集、蓄積されたデータをもとに、それを分析しうる手段と権力を持った行政機関等や、巨額な資金を持つ大企業の手によって作られます。

優秀なホテルマンが顧客の顔や趣味を覚え適切に応対することや、八百屋の店主が常連客の家族構成や好みを熟知し野菜などを勧めることは昔からありました。しかし今や、生活の全ての面において、一生涯にわたって、世界的な規模で[6]、あなたはこういう人物だと、あずかり知らぬところで自動的にプロファイリングされ、働きかけや干渉をされることが急速に拡大しています。SF小説か映画のような話ですが、情報通信ネットワークとコンピューターの発達、普及によって膨大な量のデータが、いわゆるビッグデータとして収集、蓄積されるとともに、これらを分析しうるAI（Artificial Intelligence　人工知能）が出現することで、プロファイリングは格段に進歩し、容易かつ精緻になったのです。今日、プロファイリングはプライバシーと基本的人権の問題を論じるにあたって、最も重要な用語の一つです。

名寄せを行う装置であるマイナンバー制度を議論するにあたって、中心に据えるべきものは、「漏れたら怖い」ではなく、こうした現代社会におけるプロファイリングとの関係です。わずか数年前ですが、番号法が成立した頃とはとりまく環境は大きく変わっています。勝手な思い込みをもとにあらぬ方向に鉄砲をいくら撃っても、マイナンバー制度を揺るがすことはできません。

■社会保障費の削減を目指した社会保障番号構想

マイナンバー制度の出発点は、小泉純一郎政権（2001～06年）において社会保障費の削減を目的に検討された社会保障番号です。小泉政権は、国際競争力の強化を合言葉として、大企業の税・社会保障負担の軽減や規制緩和、労働力の流動化などによる国内高コスト構造の是正、また公的部門やサービスの市場化・営利化などによる新市場・新ビジネスの創設を図るとする構造改革を進めていました。社会保障の分野では、「国に頼るな」「国をあてにするな」とばかりに自助自立や自己責任が強調され、社会保障費の総抑制とともに、介護保険の導入や保育の民営化などが進められました。

しかし、こうした国民全体を対象とした社会保障費の削減、すなわち痛みを分かち合う方式だけでは削減に限度があり、国民からの反発も大きくなります。そこで考えられたのが、全体に対してではなく個別に、国民一人ひとりの条件に応じて削減していくことを目的とした「『真』に支援が必要な人に対して公平な支援を行うことのできる制度」(「経済財政運営及び経済社会の構造改革に関する基本方針(骨太の方針2001)」2001年6月26日閣議決定)の実現でした。

これは国の定めた基準にしたがって、国民等の一人ひとりを評価し「真に支援が必要な者」と「本当は必要でない者」とに選別し、給付の重点化・効率化を図ろうという考えです。また、社会保障番号を使って一生の負担額(税や保険料)と給付額(医療や年金)を一人ひとりについて求め、これを天秤に掛け、もらい得を防ぐことも経済財政諮問会議などで真面目に議論されていました。経団連(日本経済団体連合会)は、さらに踏み込み、もらい過ぎの者は死後、遺産で精算することさえ提言(2004年9月21日「社会保障制度等の一体的改革に向けて」)していました。

■努力した者とそうでない者の選別

２００8年11月20日の経済財政諮問会議で、当時、首相だった麻生太郎氏はこんな発言をしています。「たらたら飲んで、食べて、何もしない人の分の金（健康保険料：引用者）を何で私が払うのだ。だから、努力して健康を保った人には何かしてくれるとか、そういうインセンティブ（やる気を起こさせるもの：引用者）がないといけない」

たまたま口が滑ったわけではありません。当時72歳だった麻生副総理兼財務大臣は２０１３年4月16日の衆議院予算委員会でも「飲みたいだけ飲んで、やりたいだけやって、いいかげんにして。それで、72でくしゃくしゃになっている人っていっぱいいるでしょう。周りにいっぱいいるじゃん。そういう人たちが病院に払っているときの医療費は俺が払っているんだと思ったら、何となくばかばかしくなってくるんだ」と答弁しています。麻生氏が長年にわたり、政権中枢で重責を担っていることから見ても、こうした考えが彼一人のものではないことは明らかです。

しかし、不健康や疾病は本人の努力だけの問題ではありません。努力できない環境で暮らさざるを得ない人も大勢います。遺伝性の疾患や、感染症の中には本人の努力だけではどうすることもできないものも多数あります。病気を全て自己責任のように言うのは無茶苦茶ですが、麻生氏の言うような努力した者とそうでない者を選別するためには、個人情報を名寄せし、国民一人ひとりをプロファイリングし、評価し、基準に沿って仕分けをする必要があります。これが社会保障番号制度構築の目的でした。

■挫折した納税者番号制度

マイナンバー制度は、小泉政権下で検討された社会保障番号構想の上に、国税庁の長年の悲願であった納税者番号の機能をプラスした「社会保障と税の共通番号」として作られたものです。

納税者番号制度を導入しようという話は、税制調査会の「昭和54年度の税制改正に関する答申」（1978年12月）にまで遡ります。答申には「利子・配当所得の適正な把握のためいわゆる納税者番号制度の導入を検討すべきである」と書かれていました。当時、持ち上がっていた一般消費税の導入には、金融所得（利子・配当等）の分離課税を廃止し、給与所得や営業所得などと合算した総合累進課税にすることが前提となっていました。そのためには、金融所得の正確な把握が必要であり、納税者番号が不可欠とされたのです。

ところが、番号制度反対の声は非常に強く、導入は困難となりました。そこで代案として出されたのが、少額貯蓄非課税制度（マル優）の対象とされる非課税貯蓄の不正利用を防ぐことを目的としたグリーンカード（少額貯蓄等利用者カード）制度でした。グリーンカードは、金融機関や税務署等への交付申請をもとに国税庁長官が交付します。預貯金をする際に、金融機関へカードの提示と交付番号の告知を義務付けることで、本人確認を確実に行おうというものでした。1980年には法案が国会で可決され、その後、具体的に準備が進められました。しかし、国民の反発は収まらず、結局、実施に至ることなく1985年に根拠法は廃止されてしまいました。この経験がトラウマになったのか、その後、納税者番号は何度か税制調査会などで議論されたものの、具体的な進展はありませんでした。

■住基ネットと住民票コード

住基ネットは、「高度情報化社会に対応して住民の利便の増進及び国・地方公共団体の行政の合理化に資すること」(自治省「住民基本台帳法の一部改正案について」)を目的に構築されたものです。住民票のある全ての国民等に11桁の番号を住民票コードとして付番することで、国や都道府県などの行政機関等がネットワークを使って住所、氏名、性別、生年月日と、これらの異動情報を行政事務に利用できるようにしました。住基ネットは、1999年に改正された住基法を根拠法として2002年8月に稼働し、翌年には希望する国民への住民基本台帳カード(以下、「住基カード」)の交付が始まっています。

住民票コードは、当時、国民の間に高まっていたプライバシー侵害への危惧を考慮し、名寄せには使えず、民間利用も禁止されました。商取引での利用が前提である納税者番号として使うこともできません。さらに、行政機関等の利用についても限定され、例えば番号法の制定に関連して住基法が改正されるまで国税庁も利用できませんでした。また、住基ネットはプライバシーの権利を侵害しており憲法13条に違反しているとする違憲訴訟が全国各地で行われました[7]。

こうしたことから共通番号制度として活用したい側からの評判は思わしくなく、住民票コードの付番後も、経済財政諮問会議や税制調査会などを中心に、社会保障番号など新たな番号制度導入の議論が続けられることになりました。

ところで、住基ネットは失敗したという話がありますが、これは間違いです。マイナンバーを使って個人情報をやりとりする情報提供ネットワークシステムに、住民票記載の住所、氏名、性別、生年月日等の情報を提供しているのは住基ネットです。また、マイナンバーの12桁の数字も住民票コードを変換して作られています。住基ネットが無ければマイナンバーのシステムは機能しないのです。では、マイナンバーカードの交付開始と入れ替わる形で、新規発行が停止され、事実上廃止された住基カードはどうでしょう。意味はなかったのでしょうか。いえそんなことはありません。マイナンバーカードは、住基カードの問題点や欠点を改善する形で、バージョンアップしたものとして作られています。[8] 住基カードは、マイナンバーカードのプロトタイプ（試作品）として立派に役割を果たしたのです。

■マイナンバーは社会保障と税の共通番号

社会保障番号構想を拡大し、税分野など多目的に使える共通番号として導入する法案をとりまとめたのは、２００９年９月に発足した民主党政権でした。当時の民主党は「真に手を差し伸べるべき方々に重点的に社会保障を提供する」として、マニフェストに「税と社会保障制度共通の番号制度の導入」を掲げていました。２０１２年12月に発足した安倍政権は、この民主党案を一部手直しし、国会に提出。２０１３年５月には、自民・公明・民主・維新などの賛成（反対は共産・生活・社民）により番号法は成立し、２０１６年１月からマイナンバー制度が始まりました。

内閣府の「マイナンバー　社会保障・税番号制度　概要資料」の「マイナンバー制度の意義について」（**図１**）には、マイナンバーは納税者番号として「税務当局が取得する所得や納税の情報をマイナンバーで名寄せし、所得把握の精度を向上」を図るものであり、社会保障番号として「マイナンバー

図1

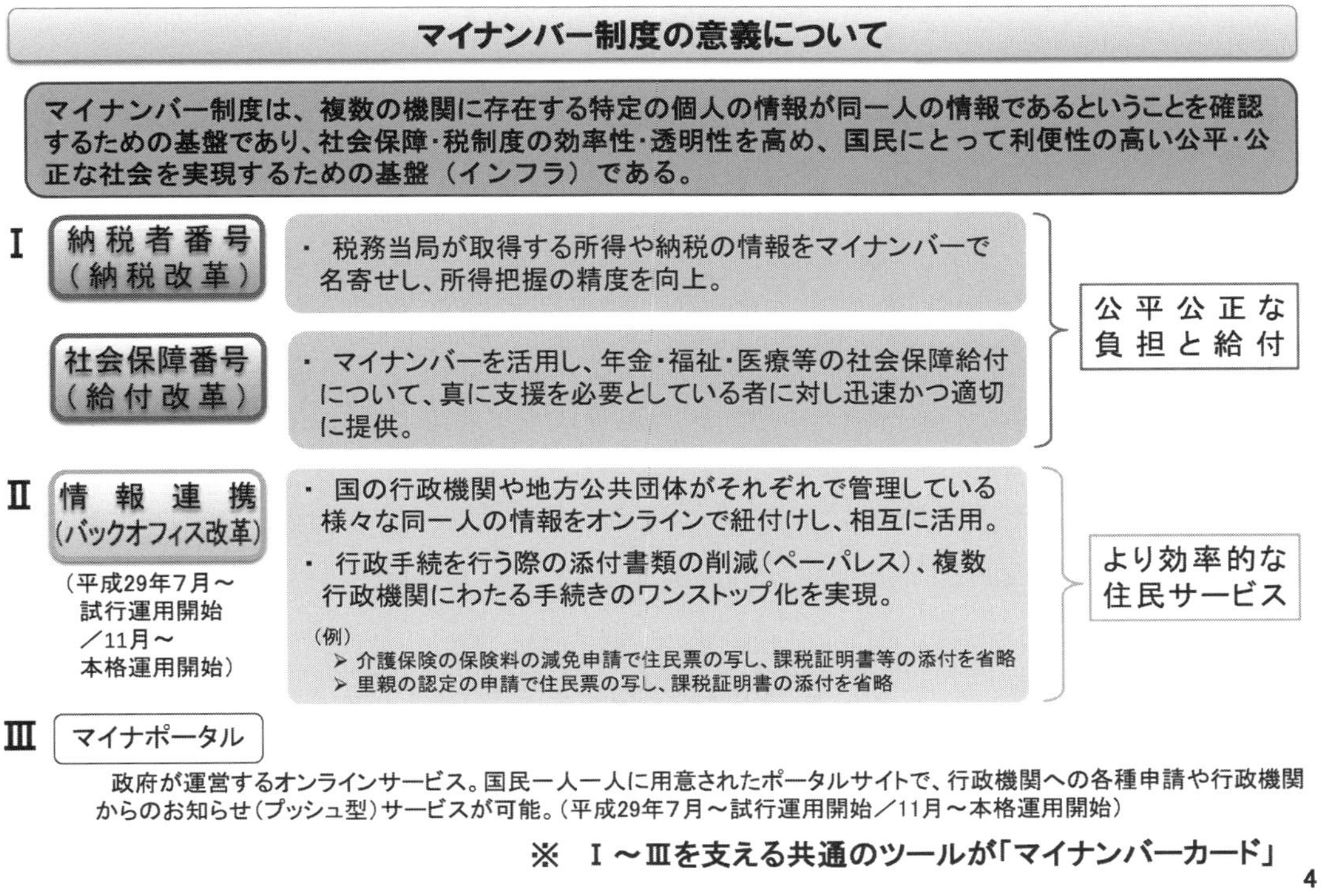
マイナンバー制度の意義について
マイナンバー制度は、複数の機関に存在する特定の個人の情報が同一人の情報であるということを確認するための基盤であり、社会保障・税制度の効率性・透明性を高め、国民にとって利便性の高い公平・公正な社会を実現するための基盤（インフラ）である。
Ⅰ
納税者番号（納税改革）
・税務当局が取得する所得や納税の情報をマイナンバーで名寄せし、所得把握の精度を向上。
社会保障番号（給付改革）
・マイナンバーを活用し、年金・福祉・医療等の社会保障給付について、真に支援を必要としている者に対し迅速かつ適切に提供。
公平公正な負担と給付
Ⅱ
情報連携（バックオフィス改革）
（平成29年7月～試行運用開始／11月～本格運用開始）
・国の行政機関や地方公共団体がそれぞれで管理している様々な同一人の情報をオンラインで紐付けし、相互に活用。
・行政手続を行う際の添付書類の削減（ペーパレス）、複数行政機関にわたる手続きのワンストップ化を実現。
（例）
➢ 介護保険の保険料の減免申請で住民票の写し、課税証明書等の添付を省略
➢ 里親の認定の申請で住民票の写し、課税証明書の添付を省略
より効率的な住民サービス
Ⅲ
マイナポータル
政府が運営するオンラインサービス。国民一人一人に用意されたポータルサイトで、行政機関への各種申請や行政機関からのお知らせ（プッシュ型）サービスが可能。（平成29年7月～試行運用開始／11月～本格運用開始）
※　Ⅰ～Ⅲを支える共通のツールが「マイナンバーカード」
4

出典：「マイナンバー　社会保障・税番号制度　概要資料　令和2年5月」（内閣官房番号制度推進室、内閣府大臣官房番号制度担当室）

を活用し、年金・福祉・医療等の社会保障給付について、真に支援を必要としている者に対し迅速かつ適切に提供」を図るものであると書かれています。

社会保障番号を「努力した者とそうでない者の選別」に使う考えはマイナンバーに継承されています。マイナンバー制度が始まった年である２０１６年の10月、当時、自民党の農林部会長だった小泉進次郎氏は同党の「２０２０年以降の経済財政構想小委員会」の委員長代行として提言「人生１００年時代の社会保障へ（メッセージ）」を取りまとめています。

提言は、「健康管理をしっかりやってきた方も、そうではなく生活習慣病になってしまった方も、同じ自己負担で治療が受けられる」のはおかしい、「健康維持に取り組んできた方が病気になった場合は、自己負担を低くすべきだ」としたうえで、「医療介護でも、ＩＴ技術を活用すれば、個人ごとに検診履歴等を把握し、健康管理にしっかり取り組んできた方を『ゴールド区分』に出来る。いわば医療介護版の『ゴールド免許』を作り、自己負担を低く設定することで、自助を支援すべきだ」としています。提言にある「ＩＴ技術を活用すれば、個人ごとに検診履歴等を把握し」は、当然、マイナンバー制度の活用という意味でしょう。国民等としてはたまったものではありませんが、番号制度による社会保障の改革は、小泉親子にとって、どうしてもやり遂げたい悲願なのかも知れません。

6　ＧＡＦＡと呼ばれるGoogle、Apple、Facebook、Amazonのサーバーは地球上のいったいどこにあるのでしょう。

7　２００８年3月6日、最高裁判所は、憲法13条は、国民の私生活上の自由が公権力の行使に対しても保護されるべきことを規定しているものであり、個人の私生活上の自由の一つとして、何人も、個人に関する情報をみだりに第三者に開示又は公表されない自由を有するものと解されるとしながらも、本人確認情報（氏名、生年月日、性別、住民票コードとその変更情報）は個人の内面に関わるような秘匿性の高い情報とはいえない、情報漏えい・目的外利用の具体的危険性は無い、個人情報を一元的に管理することができる機関または主体は存在しないなどを理由に、住基ネットは合憲であるとの判決を下しています。

8　例えば住基カードはデザインが市区町村で異なっており、正規のカードか否かの確認が難しく信用力に問題がありました。また、氏名等の印字が市区町村の熱転写プリンターで行われていたため、爪で擦ると剥がれるという欠点もありました。一方、マイナンバーカードは地方公共団体情報システム機構が、一括して発行・印字するためこうした欠点は改善されています。

2　プロファイリングと共通番号

■EUのプロファイリングされない権利

２０１８年5月25日、ＥＵ（欧州連合）は全ての加盟国に個人情報保護を義務づける一般データ保護規則（General Data Protection Regulation　以下、「ＧＤＰＲ」）を施行しました。ＧＤＰＲは「（人は）プロファイリングを含む処理に対して異議申立権を行使することができる」（第21条第1項）とともに、「自らに関する法的効果を生み出すまたは同様に重大な影響をもたらす、プロファイリングを含むもっぱら自動処理に基づく決定をされない権利を有する」（第22条第1項）としています[9]。

特に、「人種もしくは民族の出自、政治的見解、信仰もしくは哲学上の信念または労働組合の構成員を明らかにする個人データの処理、及び遺伝データ、自然人を特定して識別する目的の生体データ、健康に関するデータまたは自然人の性生活もしくは性的指向に関するデータの処理について原則として禁止」（第9条第1項）されており、前科及び犯罪に関する個人データの処理についても制限が加えられています（第10条）。

なお、ＧＤＰＲはプロファイリングを「自然人に関する一定の個人の特性を評価する、特に当該自然人の仕事の成績、経済状況、健康、個人的選好、興味、信頼度、行動、位置もしくは移動に関する特性を分析または予測するために個人データの利用から構成される個人データの自動処理の全ての形態」（第4条第4項）と規定しています。

宮下紘・中央大学准教授は、「日本経済新聞」（２０１９年3月7日）からのインタビューに応えて、ＧＤＰＲが世界でもっとも厳しいデータ保護ルールといわれている理由について「歴史的な経緯に根ざしている。欧州にはナチス・ドイツが国民の個人情報を集積して、ユダヤ人の選別や徴兵に活用したという負の歴史がある。自分のデータが国や企業に勝手に使われることに対する懸念が欧州の人々には強い。ＥＵが２０００年に採択した『ＥＵ基本権憲章』でも、基本的人権として個人データ保護を明記している」と述べています。ＥＵ基本権憲章は、ＥＵ内の人々が享受する全ての個人的、市民的、政治的、経済的、社会的権利をまとめた文書で、２００９年のリスボン条約の発効により法的拘束力を持つものとなっています。憲章の第8条には個人データの保護の権利が明記されています。ナチス・ドイツによる欧州支配と東側諸国における監視社会という重い歴史が、ＥＵでは現実の政治に反映されているのです。

■ドイツでは国勢調査は憲法違反

今から80年ほど前、ヒトラー率いるナチスは、政権を握ると国勢調査などで得たデータをパンチカードシステムで処理することで、国民の中からユダヤ人を効率的に選別し、強制収容所や絶滅収容所に送り殺害しました。併合したオーストリアや被占領地のオランダなどでも同様のことが行われていいます。また、パンチカードシステムは、国民や被占領地の住民をプロファイリングすることで、能力に応じた形で効率的に、戦場や軍需生産などに送り込むことにも使われました[10]。障害者施設などへの悉皆調査で得た〝データ〟を基に、障害者や障害児など数十万人を「生きるに値しない命」

として選別し、極めて事務的に薬やガス、飢餓等により〝安楽死〟させた、いわゆる「T4作戦」を実行したのもナチスです[11]。T4作戦ではパンチカードシステムは使われなかったようですが、障害者施設の職員などが記入した個人調査票の情報だけで、ナチの医師たちは本人に会うこともなく、極めていい加減なプロファイリングをもとに厄介者（経済的にも、財政的にも、医療資源的にも無駄）だと分類し、死の判定を半ば〝自動的〟に下していました。

ドイツがまだ西ドイツであった頃ですが、こうした暗黒の歴史を踏まえ、プライバシー保護を求める国民の運動が広がり、国勢調査違憲訴訟が起こされます。1983年、連邦裁判所は、国勢調査は「個人情報に対する自己決定権」に反しているとして違憲であるとの判決を下します[12]。

判決は「誰が、何を、いつ、どの機会に自分について知ったかを市民が知ることができない社会及びそれを可能にする法秩序は、自己情報決定権とは両立しないであろう。人と違った行動様式がいつでも記録され、情報として永続的に蓄積され、利用され、伝達されることに不安を感じている者は、そのような行動によって目立つことを避けようとするであろう。例えば、集会または市民運動への参加が当局によって記録され、それにより危険があり得ることを知っている者は、おそらく基本権（ドイツ基本法［憲法に相当］第8条、及び第9条：引用者）を行使しないであろう。このことは、単に個人の個々の発展の機会だけでなく、公益をも侵害するであろう。なぜなら自己決定は、市民の行動能力及び共同能力に基礎づけられた自由で民主的な共同体の基本的な機能条件だからである」と述べています。

そして、「人格の自由な発展は、個人情報の無制限な収集、蓄積、利用、伝達から個人を保護することが前提となる。したがって、この保護は、基本法第1条第1項と結びついた第2条第1項の基本権に含まれる。この限りにおいて基本権は、原則として、自己の個人情報の放棄及び利用を自身で決定する個人の権利を保障している」としています。

ドイツ基本法の第1条第1項は「人間の尊厳は不可侵である。これを尊重し、かつ、これを保護することは、全ての国家権力の義務である」とし、第2条第1項は「何人も、他人の権利を侵害せず、かつ、憲法的秩序又は道徳律に違反しない限りにおいて、自己の人格を自由に発展させる権利を有する」としており、第8条は「集会の自由」を、第9条は「結社の自由」を規定しています。因みに第1条は「永久条項」として、改正は不可とされています（第79条第3項）。

西ドイツ政府は違憲判決に反しない形で1987年に新たな国勢調査法を制定し、国勢調査の実施を試みました。しかし、国民の非協力により1987年の国勢調査は失敗しました。以降、東西統一後もドイツにおいては、現在に至るまで国勢調査は行われていません。

なお、本書の「はじめに」で紹介した"Die restlose Erfassung: Volkszaehlen, Identifizieren, Aussondern im Nationalsozialismus"は、この国勢調査違憲訴訟に関わって1983年にゲッツ・アリーらが行った調査報告をもとに、2000年に新たにフランクフルトで出版されたものです。

■ドイツでは共通番号も憲法違反

日本ではマイナンバーを使った名寄せを行うための情報提供ネットワークシステムが稼働しています。しかし、ドイツでは、共通番号を使った名寄せは、この違憲判決が示した「法律で厳格な基準を示すと同時に個人の自己情報決定権を過剰に制限するものであってはならない」などの要件を満たすことは難しく、不可能となっています。すなわち、ドイツではマイナンバーのような共通番号制度を設けることは憲法上できないのです。なお、東ドイツにあった共通番号制度は東西統一の際に廃止されています。

しかし、ドイツにも利用目的が限定された番号制度ならあります。例えば納税者番号として、住民登録をしている人全てに連邦政府から交付されるSteuer Identifikationsnummer (Steuer ID) と、州政府に申請することで交付される確定申告などに用いるSteuernummerがあります。ただし、どちらも税務以外の利用は禁止されています。新型コロナウイルス感染拡大に伴って、ベルリンなどで行われた現金給付の申請には納税者番号が使われたようですが、給付したのが税務当局なので目的外使用にはあたらないということなのでしょう。ドイツでは、所得のある者は、基本的に全員、確定申告する必要がありますから、税務当局に納税（還付）用の銀行口座番号をあらかじめ届けており、これが納税者番号と紐告げられていて、給付に関わる事務処理に使われたと思われます。

因みに、ナチス・ドイツと戦ったフランスには社会保障番号はありますが、共通番号としての利用をしないことが国の方針となっています。社会保障番号は、もともとドイツに占領されていた第2次世界大戦中の1940年に一人の軍人、ロネ・カミーユによって構想されました。彼は、レジスタンスの一員であることを隠し、ナチス・ドイツに協力するポーズを取りつつ、社会保障番号の制度化を進めました。しかし、彼の本当の目的は「ナチに対するレジスタンス用の国民台帳（本来の目的では男性のみが対象。ただ、本来目的をカモフラージュするために女性も対象者に加えた）を作成するためであった」とされています[13]。フランスが共通番号として利用しないのは、こうしたナチス時代の記憶を踏まえているのでしょう。なお、カミーユは、1944年2月にレジスタンス組織の一員であることが発覚し、ナチスの親衛隊により逮捕されました。その後、ダッハウ強制収容所にて囚人番号76608番を付けられ、1945年1月25日には、収容所内で強制労働のために亡くなっています[14]。

イギリスにも共通番号制度はありません。労働党政権の下、2006年3月に国民IDカード法が成立し、共通番号による国民ID登録簿（NIR）を新たに作成することになりました。しかし、2010年5月の総選挙で、恒常的な人権侵害装置であるとして同法の廃止を公約に掲げていた保守党・自由民主党による新連立政権が誕生し、NIRのデータは2011年2月までに全て廃棄されました。

■「リクナビ事件」とプロファイリング

EUがプロファイリングされない権利をGDPRに盛り込む一方、日本ではプロファイリングを本人の同意を得ずに行った「リクナビ事件」が2019年に発覚しています。まだ、記憶に新しいとは思いますが、おおよそこんな事件です。大学生が就職活動のため、リクルートキャリア社による転職サイト「リクナビ」を利用しようと個人情報を登録。リクナビは、登録した学生が行ったウェブサイト閲覧の履歴を本人の同意を得ることなく取得。これをAIを使ってプロファイリングし、学生一人ひとりについて内定辞退の可能性を「内定辞退率」として数値化。得られた内定辞退率を本人の同意なく三十数社に販売。買った企業は、これを採否判定に利用していたというものです。

「読売新聞」（2019年9月6日）によると、東京の有名国立大4年の成績優秀な学生は、同じ大学の同級生が次々と内定を決める中、書類選考の段階で全て落とされてしまいます。大学の就活担当職員も「うちの大学では例がない」と首をひねったといいます。この学生は国家公務員志望で、リクナビにも登録していました。リクナビのAIは学生の閲覧履歴から将来の振る舞いを予測し、リスク（辞退の可能性）の評価を行ったのでしょう。それが内定辞退率として数値化され、これを買った企業が、この学生を否としたのだと思われます。

同紙は、この学生のように「スコアを企業に販売された学生は7万4878人いる。だが、そのうち6万6895人への行為は、個人情報保護法では違法とされず、さらにこのうち1万2330人にはおわびのメールも届かない」と報じています。記事は、「学生らはスコアを作成している事実も算出のロジックも、それによってもたらされる結果も説明されないまま、就職という人生の重大な局面で使われてしまった」とし、GDPRのプロファイリング規制に詳しい慶応大学の山本龍彦教授の次のコメントを紹介しています。

GDPRの下なら、スコアが採用に直結する場合、学生に対してそれがどのように算出され、どう使われるか分かりやすく説明することが求められる。また、学生の求めに正当な根拠を示すことができなければ、スコア利用を中止しなければならない。

この一件を見ても明らかなように、日本における個人情報保護の議論は、国民の意識も含め、EUに比べ格段に遅れているのです。山本教授は「EUやアメリカの状況に比べ、日本ではプロファイリングに関する論議が低調であるといわざるをえない」とし[15]、石井夏生利・中央大学教授は「大量の情報を蓄積・分析され、人物像を形成され、評価されるという侵害側面が顕在化している」にもかかわらず、「日本の個人情報保護論議は、情報漏えいによる安全管理措置違反や個人データの第三者提供を中心に行われてきた」としています[16]。なお、個人情報保護法は2020年6月5日に改正されましたが、GDPRのようなプロファイリングをされない権利は、規定されていません。

■どこまで進んだマイナンバーの紐付け

プロファイリングはあくまでも集めることができた情報をもとにした推定であり、必ずしも正確ではありません。プロファイリングをより正確なものにするには、より多くの個人情報を集める必要があります。マインバーを使ったプロファイリングで言えば、マイナンバーに紐付けられる個人情報を増やすことです。内閣府のウェブサイトには「マイナンバーは、社会保障、税、災害対策の3分野で、複数の機関に存在する個人の情報が同一人の情報であることを確認するために活用されます」とありますが、「複数の機関に存在する個人の情報」、すなわちマイナンバーで引き出せる情報、マイナンバーと紐付けられた情報が具体的に何かは同サイトのどこにも明記されていません。総務省のマイナンバーに関するウェブサイトにも同じく、どのような個人情報が紐付けられているかは具体的に示されていません。

このように不透明な状態ですが、番号法を始めとする関連法やマイナンバーの利活用の状況などから見て、すでに年金や健康保険、所得税、雇用保険に関する個人情報だけでなく、今後の利活用に向け特定健康診査結果や予防接種履歴についても紐付けが進められていると見て間違いないでしょう。

ところで、市区町村は住民に関する詳細かつ膨大な個人情報、例えば税や福祉、教育などに関する個人情報を保有しており、これらの情報の多くはデジタル化され情報処理システムにおいて住民票と関連付けられた形で記録されています。これは転出、転居、婚姻、離婚、死亡など住民票に異動があった場合、直ちにこれを税や福祉、教育などに関する個人情報に反映するためです。

住民票にはマイナンバーが記載されているのですから、こうした税や福祉、教育などに関する個人情報は、住民票の処理システムを介してマイナンバーと理屈の上では紐付けられていることになります。ただし、これらの個人情報の全てがマイナンバーを使って市区町村から他の行政機関へと提供されているわけではありません。例えば固定資産税に係わる個人情報の外部への提供は、番号法には規定されていないため、まだ行われてはいません。

9　GDPRの訳文と解説文は、宮下紘『EU一般データ保護規則』勁草書房などを参考にしました。

10　ナチス・ドイツが使用したパンチカードシステムは、アメリカのIBM社製でした。開戦前に入手したものですが、戦争中はドイツの子会社が整備や管理を行い、消耗品の提供も行っていました。詳しくは、エドウィン・ブラック（小川京子訳）『IBMとホロコースト　ナチスと手を結んだ大企業』柏書房を参照してください。なお、同書にはIBMの現地担当者が後に語った「例えばポーランドの大管区指導者（ナチの地域幹部）が、ポーランド語を話す非ポーランド国籍の技術者を数人必要としていたとする。対象となる人物の正確な氏名と現住所は、パンチカードを選別機に通すことで見つけることができる。必要な人数が見つかれば、機械は自動的に停止する」との証言を紹介しています。パンチカードシステムは徴用にも威力を発揮したようです。

11 T4作戦については、小俣和一郎『ナチスもう一つの大罪　「安楽死」とドイツ精神医学』人文書院、ヒュー・G・ギャラファー（長瀬修訳）『ナチスドイツと障害者「安楽死」計画』現代書館、エルンスト・クレー（松下正明監訳）『第三帝国と安楽死　生きるに値しない生命の抹殺』批評社、スザンヌ・E・エヴァンス（黒田学、清水貞夫監訳）『障害者の安楽死計画とホロコースト　ナチスの忘れ去られた犯罪』クリエイトかもがわなどを参照してください。

12 国勢調査違憲訴訟については、浜砂敬郎『統計調査環境の実証的研究―日独比較分析』産業統計研究社、平松毅『個人情報保護―制度と役割』ぎょうせい、同『個人情報保護―理論と運用』有信堂、石村耕治「ドイツの分野別限定番号制度―共通番号は憲法違反の国」『共通番号制度のカラクリ　マイナンバーで公平・公正な社会になるのか？』現代人文社、高田敏・初宿正典『ドイツ憲法集　第5版』信山社などを参考にしました。

13 高山憲之「フランスの社会保障番号制度について」『世代間問題研究プロジェクト　ディスカッション・ペーパー』No.345。

14 エドウィン・ブラック、前掲書。

15 山本龍彦『プライバシーの権利を考える』信山社。

16 石井夏生利『新版　個人情報保護法の現在と未来』勁草書房。

3　戸籍情報へのマイナンバーの紐付け

■戸籍の附票を紐付けに利用

戸籍情報へのマイナンバーの紐付けは、マイナンバー制度導入の検討段階においてすでに対象となっていましたが、全ての市区町村の戸籍事務のコンピューター化が完了していないなどの理由から番号法には盛り込まれませんでした。しかし、その後も検討が進められ、2014年6月24日に閣議決定された「日本再興戦略改訂2014」には戸籍事務をマイナンバーの利用範囲とする検討を行うことがうたわれ、さらに2015年6月30日にIT総合戦略本部において改定された「世界最先端IT国家創造宣言工程表」には「戸籍事務を処理するためのシステムの在り方等と併せて検討するために立ち上げた有識者らによる研究会において、……必要な論点の洗い出し，整理等の個別具体的な検討を進め、2019年通常国会を目途に必要な法制上の措置を講ずる」ことが盛り込まれました。

IT総合戦略本部は高度情報通信ネットワーク社会形成基本法に基づき、高度情報通信ネットワーク社会の形成に関する施策を迅速かつ重点的に推進することを目的に、内閣の下に2001年1月に設置された組織です。正式名称は高度情報通信ネットワーク社会推進戦略本部、本部長は内閣総理大臣、副本部長は情報通信技術（IT）政策担当大臣、内閣官房長官、総務大臣、経済産業大臣が務め、本部員は他の全ての大臣と有識者などです。2020年7月現在、有識者には遠藤信博・一般社団法人日本経済団体連合会審議員会副議長兼サイバーセキュリティ委員長（日本電気株式会社代表取締役会長）、坂村健・東洋大学情報連携学部学部長、澤田純・日本電信電話株式会社代表取締役社長、鈴木英敬・三重県知事、三木谷浩史・楽天株式会社代表取締役会長兼社長、村井純・慶應義塾大学教授などが名を連ねています。

ＩＴ総合戦略本部の決定を受け、戸籍へのマイナンバー紐付けの方法を検討してきた法務省法制審議会の戸籍法部会は、２０１７年10月20日、「戸籍事務におけるマイナンバーの活用等を可能とすること及びそのためのシステム形態等に関する研究会」などの報告をもとに、「戸籍の附票を利用して取得する方法」が相当との考えを示しました。

戸籍の附票は、住基法に基づき、住民票の氏名等を戸籍の氏名等と一致させることを目的に、本籍地の市町村が戸籍を単位に作成しています。戸籍の表示（本籍及び筆頭者氏名）、氏名、住所（履歴を含む）、住所を定めた年月日が記載されており、これらの情報の更新には住基ネットが使われます。

■戸籍の附票ネットワークの構築

２０１９年５月24日、「情報通信技術の活用による行政手続等に係る関係者の利便性の向上並びに行政運営の簡素化及び効率化を図るための行政手続等における情報通信の技術の利用に関する法律等の一部を改正する法律（以下、「デジタル手続法」）」の成立に伴い住基法が改正されました。これにより２０２４年５月までに戸籍の附票の記載事項に住民票コードとともに、生年月日、性別が新たに追加され、国の行政機関や市区町村等に戸籍の附票の情報を提供するための附票ネットワーク（仮称）が構築されることになりました。なお、2019年5月時点で、戸籍事務をコンピューター化していない自治体は一つのみとなっています[17]。

住民票には、住民票コードとマイナンバーの両方が記載されています。本籍地の市区町村が管理している戸籍の附票に住民票コードを記載すれば、「マイナンバー⇕住民票⇕住民票コード⇕戸籍の附票」となり、住民票コードを介して戸籍の附票とマイナンバーは紐付けられたことになります。

国外へ転出すると住民票は削除されます。そのため、マイナンバーはどこにも記載されていない宙に浮いた状態となり、マイナンバーカードや公的個人認証の電子証明書の利用はできなくなります。一方、戸籍と戸籍の附票は国外転出した後も国籍が日本に有る限り残ります。附票ネットワーク（仮称）を構築すれば、戸籍の附票に記載された住民票コードからマイナンバーを引き出せますから、住民票が削除された国外転出者についても、マイナンバーを使って、附票に記載された氏名や性別、生年月日を国外転出の事実とともに行政機関等に提供することが可能になります。また、国外へ転出した後も附票に記載された住民票コードからマイナンバーを得られますから、マイナンバーカードや公的個人認証の電子証明書の取得や利用ができるようになります。

2020年度総務省予算には、これらを実現するために地方公共団体情報システム機構のシステム改修等の委託費として84億4000万円、市区町村のシステム改修等の補助金として150億6000万円が計上されており、附票ネットワーク（仮称）の構築が今まさに進められようとしています。

なお、地方公共団体情報システム機構（Japan Agency for Local Authority Information Systems、略称：Ｊ－ＬＩＳ）は、１９７０年設立の財団法人地方自治情報センター（Local Authorities Systems Development Center、略称：LASDEC）を母体として、２０１４年4月1日に地方公共団体情報システム機構法に基づき地方共同法人として設立された組織です。マイナンバーカードの発行をはじめ、マイナンバー制度や公的個人認証、住基ネットに関連するシステムの構築、管理、運営を一手に引き受けて来ました。ここに、さらに附票ネットワーク（仮称）も加わることになります。なお、Ｊ－ＬＩＳは地方共同法人であるため、「行政機関の保有する情報の公開に関する法律」の対象にも、「独立行政法人等の保有する情報の公開に関する法律」の対象にもなっていません。

■マイナンバーによる戸籍情報の名寄せが可能に

本籍地の市区町村が管理している戸籍の正本に対して、その写しである副本を保存管理する戸籍副本データ管理システムが、法務省によって２０１３年10月から稼働しています。災害等により戸籍が失われるのを防ぐため、全国２カ所に戸籍副本データ管理センターが設置されています。市区町村長は住民からの届出等により戸籍の記載事項を変更した場合、総合行政ネットワーク（ＬＧＷＡＮ）を使用して同センターに、更新データを送信することで、正本と副本の情報が常に一致するようになっています。総合行政ネットワークは自治体を相互に接続する行政専用のネットワークで、これもまたＪ－ＬＩＳが管理、運用しています。

２０１９年5月24日の戸籍法の改正により、この「副本に記録されている情報を利用して、親子関係その他の身分関係の存否を識別する情報等を戸籍関係情報」（法務省民事局「戸籍法の一部を改正する法律の概要」）として法務大臣が新たに作成し、これを蓄積する新システムが構築されることになりました。

附票ネットワーク（仮称）はマイナンバーを戸籍の附票に紐付けますが、それだけではマイナンバーを使っても戸籍に記載された親子関係などの情報を引っ張り出すことはできません。この新システムと、マイナンバーを利用した情報提供ネットワークシステムとが接続されることで、法務省民事局作成の資料「戸籍法の一部を改正する法律の概要」（**図2**）にあるように、行政機関等においてマイナンバーによる戸籍関係情報の確認、すなわちマイナンバーによる戸籍情報の名寄せが可能となります。これはマイナンバーと紐付けられている住民票コードをもとに該当する附票を見つけ出すことで、戸籍の情報を得る仕組みです。なお、法務省は新システムの運用を2023年度中に開始するとしています。

■戸籍情報への紐付けは何のため？

戸籍情報へのマイナンバーの紐付けは、情報提供ネットワークシステムで、戸籍情報をも扱えるようにするためのものです。これにより行政機関等は情報提供ネットワークシステムを使って戸籍情報を入手できるようになりますから、行政機関等への手続きの際に戸籍謄抄本（戸籍全部事項証明書、戸籍個人事項証明書）を省略できるようになる場合が増えるものと考えられます。

法務省「戸籍制度に関する研究会」の「最終取りまとめ」（2017年8月）によると、東京都内の

図2

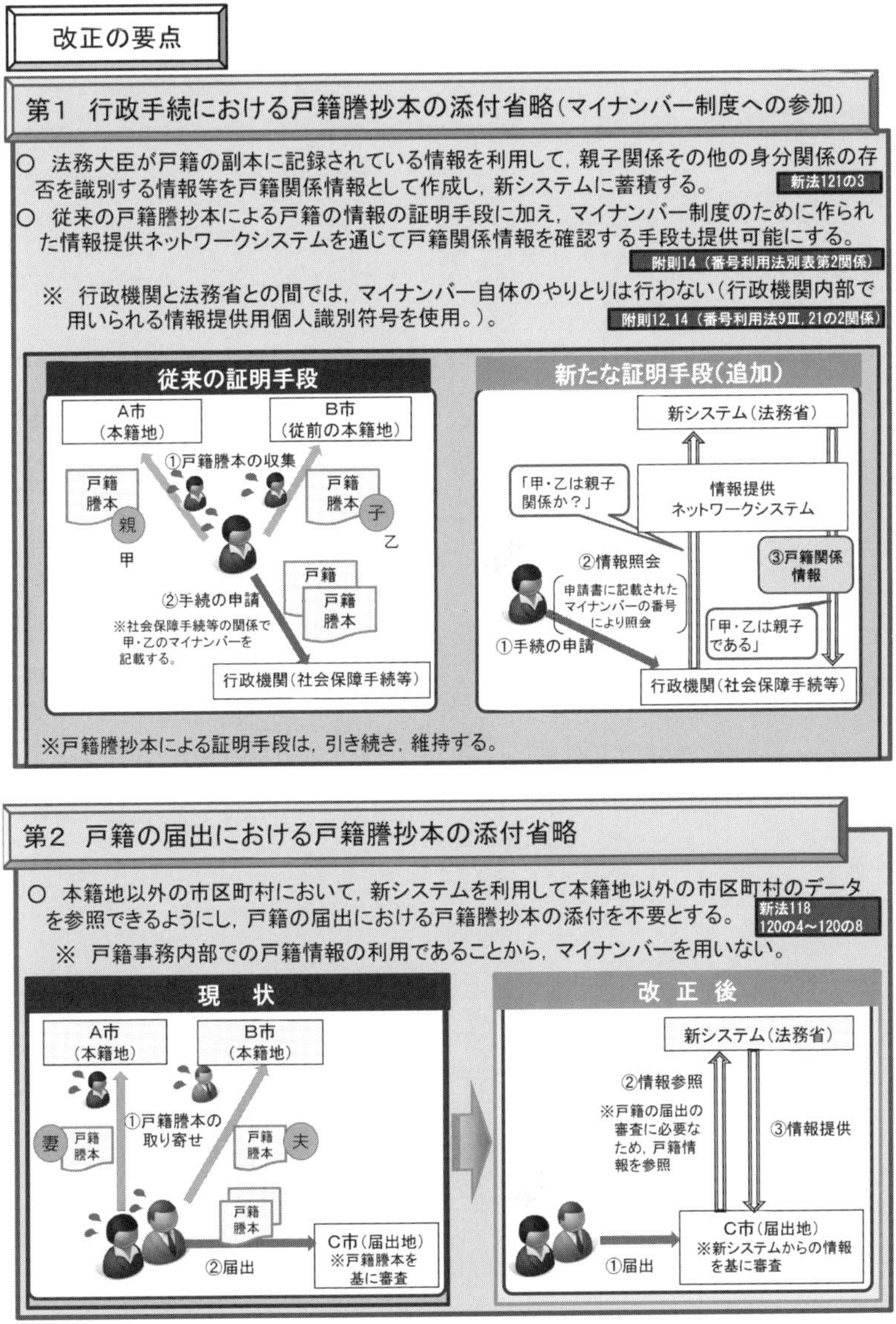
改正の要点
第1　行政手続における戸籍謄抄本の添付省略（マイナンバー制度への参加）
○ 法務大臣が戸籍の副本に記録されている情報を利用して，親子関係その他の身分関係の存否を識別する情報等を戸籍関係情報として作成し，新システムに蓄積する。
新法121の3
○ 従来の戸籍謄抄本による戸籍の情報の証明手段に加え，マイナンバー制度のために作られた情報提供ネットワークシステムを通じて戸籍関係情報を確認する手段も提供可能にする。
附則14（番号利用法別表第2関係）
※ 行政機関と法務省との間では，マイナンバー自体のやりとりは行わない（行政機関内部で用いられる情報提供用個人識別符号を使用。）。
附則12，14（番号利用法9Ⅲ，21の2関係）
従来の証明手段
A市
（本籍地）
B市
（従前の本籍地）
①戸籍謄本の収集
戸籍
謄本
親
甲
戸籍
謄本
子
乙
戸籍
戸籍
謄本
②手続の申請
※社会保障手続等の関係で
甲・乙のマイナンバーを
記載する。
行政機関（社会保障手続等）
新たな証明手段（追加）
新システム（法務省）
「甲・乙は親子関係か？」
情報提供
ネットワークシステム
②情報照会
申請書に記載された
マイナンバーの番号
により照会
③戸籍関係
情報
「甲・乙は親子である」
①手続の申請
行政機関（社会保障手続等）
※戸籍謄抄本による証明手段は，引き続き，維持する。
第2　戸籍の届出における戸籍謄抄本の添付省略
○ 本籍地以外の市区町村において，新システムを利用して本籍地以外の市区町村のデータを参照できるようにし，戸籍の届出における戸籍謄抄本の添付を不要とする。
新法118
120の4～120の8
※ 戸籍事務内部での戸籍情報の利用であることから，マイナンバーを用いない。
現　状
A市
（本籍地）
B市
（本籍地）
①戸籍謄本の
取り寄せ
妻
戸籍
謄本
戸籍
謄本
夫
戸籍
謄本
②届出
C市（届出地）
※戸籍謄本を
基に審査
改 正 後
新システム（法務省）
②情報参照
※戸籍の届出の
審査に必要な
ため，戸籍情
報を参照
③情報提供
①届出
C市（届出地）
※新システムからの情報
を基に審査

出典：「戸籍法の一部を改正する法律について　法律の概要」（法務省民事局）

ある自治体で2014年分の戸籍謄本等の交付請求書の内容を精査したところ、利用目的の第1位は相続関係手続で33・9%でした。では、戸籍情報にマイナンバーが紐付けば、相続手続きが容易になる、例えばオンラインでできると考えて良いのでしょうか。相続手続きには被相続人の記載がある全ての戸籍が必要です。しかし、マイナンバーは住民票への付番が始まった2015年10月5日以前に、死亡等により住民票が除票された者には付番されていません。また、「最終取りまとめ」は、「戸籍情報システムの電算化をする時点で、改製原戸籍であったもの及びすでに除籍とされていたものについては、システム上画像データで保存されており……マイナンバーと紐付けることは技術的に困難」だとしています。マイナンバーの利用で相続手続きが容易になることは、残念ながら難しいようです。

この件に関し、日本弁護士会は「戸籍事務にマイナンバー制度を導入することに関する意見書」(2018年1月18日)において、「戸籍事務を個人番号の利用範囲にしたとしても相続手続の効率化は見込めない。このように利用目的として一番多い相続関係手続に利用できない戸籍情報と個人番号の紐付けは、そもそも何を目的としているのか根本的な疑問が生じる」と述べています。

このように相続手続きではあまり活躍しそうにはありませんが、市役所等はネットワークを使って戸籍の情報を容易に取得できるようになりますから、生活保護申請に伴う親族への扶養照会などで盛んに活用されることで、プライバシーや基本的人権の侵害を巻き起こすとともに、生活保護申請の抑制につながるおそれが充分あると言えます。

17　法務省民事局「戸籍法の一部を改正する法律の概要」。なお、法務省・戸籍制度に関する研究会「最終とりまとめ」（２０１７年８月）によると、戸籍事務をコンピューター化した市区町村は１９９５年の24から、特別地方交付税による財政支援を受け、２００３年には１４９７、２０１７年には１８９６のうち１８９２にまで増えています。

4　預貯金口座へのマイナンバーの紐付け

■預貯金口座への紐付けの目的は

預貯金口座へのマイナンバーの紐付けは2015年9月の番号法の改正により2018年1月1日から、預金者から金融機関へのマイナンバーの提供という形で始まりました。ただし、一般の預貯金については義務ではなく任意です。一方、金融機関での株・投資信託・公社債など取引や、国外送金又は国外からの送金の受領、非課税適用の預貯金・財形貯蓄など、届出が義務づけられているものもあります。

金融機関へのマイナンバーの提供が始まってから2年あまりが経過しましたが、紐付けはほとんど進んでいません。「毎日新聞」(2020年5月31日)は「全国銀行協会によると、ひも付いているのは、個人預金を取り扱う163行で972万件(2019年末現在)。日本にある口座数は、銀行、信用金庫、ゆうちょで計約10億口座とされ、1%に満たない水準だ」と報じています。進まないのは、提供は義務ではなく、あくまでも任意であり、金融資産を政府に把握されることへの不安が人々の間に根強いためでしょう。

ところで、口座への紐付けを進める目的は何でしょう。番号法改正前の2015年6月に閣議決定された「骨太の方針2015」は、医療保険、介護保険についてマイナンバーを活用した「金融資産等の保有状況を考慮に入れた負担を求める仕組み」を検討するとしています。そして、これを具体化するために2015年12月24日の経済財政諮問会議にて決定された「経済・財政再生計画改革工程表」には、「負担能力に応じた公平な負担、給付の適正化」として、「医療保険、介護保険とともに、マイナンバーの活用等により、金融資産等の保有状況を考慮に入れた負担を求める仕組みについて検討」との文言が盛り込まれました。改革工程表は毎年改定されていますが、2019年までの工程表には全て同じ文言が入っています。

2020年3月26日に開かれた第127回社会保障審議会医療保険部会に厚生労働省保険局が提出した資料「改革工程表2019における検討項目について」で示された絵（**図3**）には、「預貯金口座への付番については、社会保障制度の所得・資産要件を適正に執行する観点や、適正・公平な税務執行の観点等から、金融機関の預貯金口座をマイナンバーと紐付け、金融機関に対する社会保障の資力調査や税務調査の際にマイナンバーを利用して照会できるようにすることにより、現行法で認められている資力調査や税務調査の実効性を高めるものである」とより突っ込んだ文言が見られます。

■任意から義務化へ

2015年の番号法の改正には附則が付けられています。そこには、預金口座へのマイナンバー付番開始後3年を目途に「適切に個人番号の提供を受ける方策」及び「番号利用法の施行の状況について検討を加え、必要があると認めるときは、その結果に基づいて、国民の理解を得つつ」見直すとあります。

図3

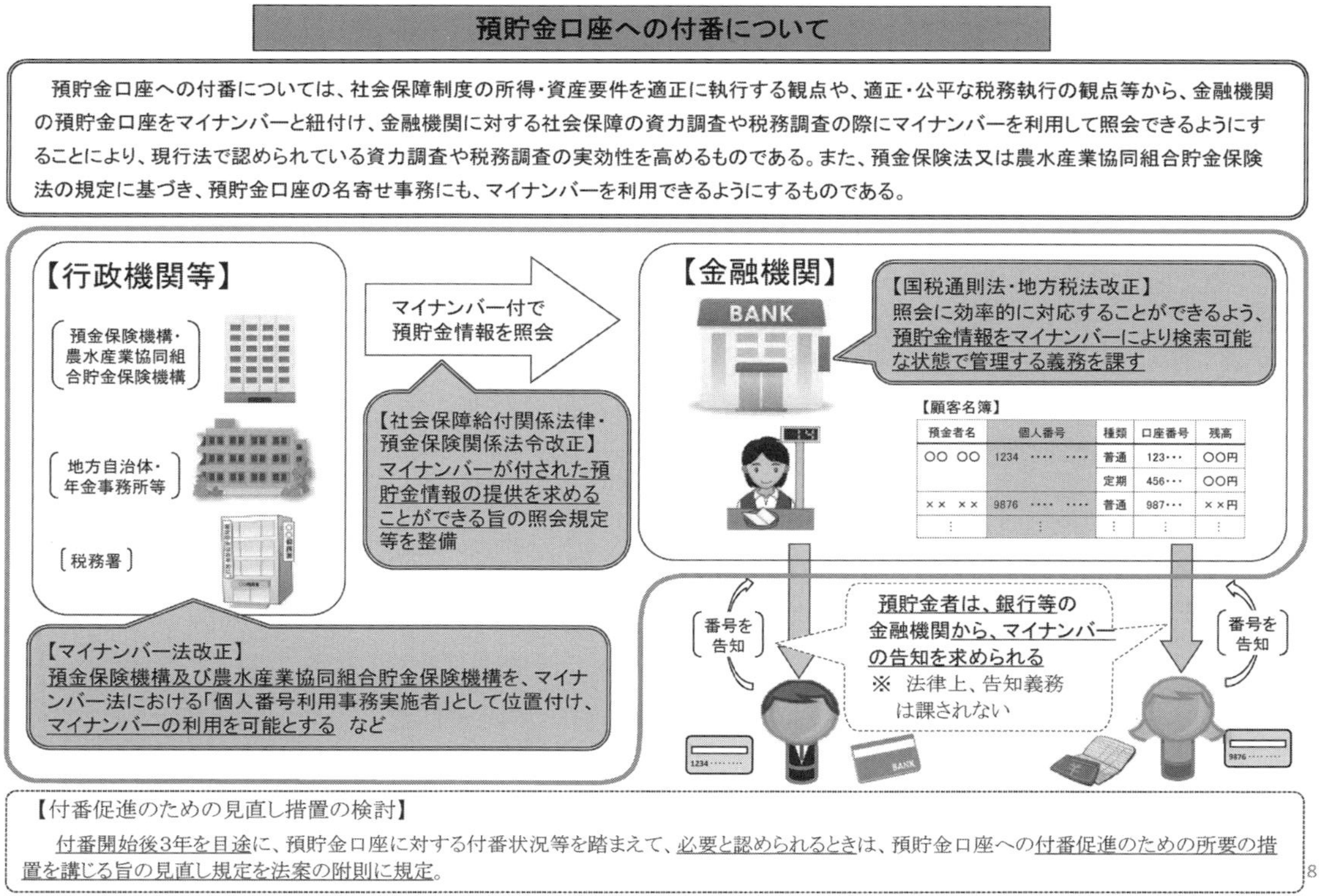
預貯金口座への付番について
預貯金口座への付番については、社会保障制度の所得・資産要件を適正に執行する観点や、適正・公平な税務執行の観点等から、金融機関の預貯金口座をマイナンバーと紐付け、金融機関に対する社会保障の資力調査や税務調査の際にマイナンバーを利用して照会できるようにすることにより、現行法で認められている資力調査や税務調査の実効性を高めるものである。また、預金保険法又は農水産業協同組合貯金保険法の規定に基づき、預貯金口座の名寄せ事務にも、マイナンバーを利用できるようにするものである。
【行政機関等】
預金保険機構・農水産業協同組合貯金保険機構
地方自治体・年金事務所等
税務署
マイナンバー付で預貯金情報を照会
【社会保障給付関係法律・預金保険関係法令改正】
マイナンバーが付された預貯金情報の提供を求めることができる旨の照会規定等を整備
【金融機関】
BANK
【国税通則法・地方税法改正】
照会に効率的に対応することができるよう、預貯金情報をマイナンバーにより検索可能な状態で管理する義務を課す
【顧客名簿】
預金者名 個人番号 種類 口座番号 残高
○○ ○○ 1234 ････ ････ 普通 123･･･ ○○円
定期 456･･･ ○○円
×× ×× 9876 ････ ････ 普通 987･･･ ××円
【マイナンバー法改正】
預金保険機構及び農水産業協同組合貯金保険機構を、マイナンバー法における「個人番号利用事務実施者」として位置付け、マイナンバーの利用を可能とする など
番号を告知
預貯金者は、銀行等の金融機関から、マイナンバーの告知を求められる
※ 法律上、告知義務は課されない
番号を告知
1234･･････
9876･･････
【付番促進のための見直し措置の検討】
付番開始後3年を目途に、預貯金口座に対する付番状況等を踏まえて、必要と認められるときは、預貯金口座への付番促進のための所要の措置を講じる旨の見直し規定を法案の附則に規定。
8

出典：「改革工程表2019における検討項目について」（第127回社会保障審議会医療保険部会に厚生労働省保険局が提出した資料）

図3のもととなった絵は、預貯金口座へのマイナンバーの紐付けを盛り込んだ2015年の番号法改正に向け、当時の財務省が作成したものです。この絵を誰が作成し、いま、どこで議論が行われているかを考えれば、第1章で筆者が「高市大臣が、記者会見で全ての口座へのマイナンバーの紐付けの義務化は行わないと言ったところで、それはいかなる保証にもなりません」とした意味がわかっていただけるかと思います。安倍政権の方針――金融機関の預貯金口座のマイナンバーとの紐付け――は高市氏の「個人的な考え」とは関係なく貫徹されようとしているのです。

内閣総理大臣を本部長とするIT総合戦略本部の下に、「国及び地方公共団体のデジタル化を機動的かつ強力に進め、その成果を展開することによって、国、地方公共団体及び民間部門まで含めた社会全体のデジタル化を推進することを目的」に、2014年6月、「デジタル・ガバメント閣僚会議」が設置されています。議長は内閣官房長官、副議長は情報通信技術（IT）政策担当大臣と総務大臣、構成員は行政改革担当大臣、内閣府特命担当大臣（防災）、国家公安委員会委員長、法務大臣、外務大臣、財務大臣、厚生労働大臣、農林水産大臣、経済産業大臣、国土交通大臣、内閣情報通信政策監（政府CIO）です。

デジタル・ガバメント閣僚会議は、2019年6月4日に「マイナンバーカードの普及とマイナンバーの利活用の促進に関する方針（以下、「マイナンバー利活用方針」）」を決定しました。マイナンバー利活用方針は、付番の進捗状況等を踏まえ、附則の「3年後見直しの規定に基づき、預貯金付番等の実効性を確保するための制度について、他の金融資産の取扱いを踏まえつつ検討・整備する」としています。「実効性を確保するための制度」とは、義務化をするという意味です。

2021年1月には預貯金口座へのマイナンバー紐付けが開始されてから4年目を迎えます。2020年6月5日に開かれたデジタル・ガバメント閣僚会議での配付資料「マイナンバーカード及びマイナンバーの利活用の促進について」には、「様々な災害等の緊急時や相続時にデジタル化のメリットを享受できる仕組みを構築するとともに、公平な全世代型社会保障を実現していくため、公金振込口座の設定を含め預金付番の在り方について検討を進め、本年中に結論を得る」とあります。預貯金口座へのマイナンバーの紐付けを義務化するとの結論が、2020年中に下される可能性は高いでしょう。

■マイナンバーの紐付けと預貯金照会

預貯金口座へのマイナンバーの紐付けが進んだとしても、それだけでは行政機関等の職員がパソコンにマイナンバーを入力しただけで口座の一覧が画面に表示されるようにはなりません。紐付けとはいうものの金融機関が保有する口座情報にマイナンバーが付け加えられるだけですから、行政機関等からは見ることはできません。例えばAさんの預貯金情報を知りたい場合は、金融機関に氏名などとともにAさんのマイナンバーを記入した照会文書を郵便で送ります。もちろん、行政機関等にはAさんの預貯金口座がどの金融機関にあるかさえわかりません。口座があると思われる金融機関を推測し送るのです。

金融機関側は文書に記入されたAさんのマイナンバーで検索をかけられますから、氏名等で探すよりも省力化になり、より正確になるでしょう。しかし、これだけではマイナンバーの紐付けをした甲斐は、少なくとも行政機関側にはありません。

そもそも口座への紐付けの目的は、健康保険や介護保険について金融資産の保有状況を考慮に入れた負担を求めるためですから、口座の有無だけでなく預金額を知る必要があります。健康保険や介護保険に加入している全ての者、すなわち、ほぼ全ての国民等について、口座の有無や預金額を求める照会文書を行政機関から金融機関に送るのは、マイナンバーが使えたとしても、あまりにも非効率的であり、非現実的です。預金額が負担額に自動的に反映するシステムの構築が必要でしょう。そのためには行政機関と金融機関を情報通信ネットワークで結ぶオンライン化が必要不可欠です。

■行政機関と金融機関のオンライン化

2018年7月20日にデジタル・ガバメント閣僚会議が決定したデジタル・ガバメント実行計画は、次のような「現状と課題」を示したうえで、「金融機関×行政機関の情報連携（預貯金等の照会）」が必要だとしています。情報連携とはオンライン化の意味です。

行政機関から金融機関に対して、預貯金口座の有無や取引状況に係る調査（預貯金等の照会）が行われることがある。預貯金等の照会は、国・地方を問わず様々な行政機関から様々な金融機関に対して、様々な名目（税務調査、生活保護受給判定等）で行われているが、一般的には、各行政機関それぞれの様式で書面により行われており、金融機関はこの処理のために、多くのコストをかけている。また、この結果、行政機関側が求める回答に時間を要し、迅速かつ適正な行政事務を遂行する上での課題となることがある。

ＩＴ総合戦略本部のもとに設置されている「新戦略推進専門調査会デジタル・ガバメント分科会」が、「各府省情報化専任審議官等連絡会議」と合同で２０１９年11月18日に開いた会議に、「金融機関×行政機関の情報連携検討会」が「金融機関×行政機関のデジタル化に向けた取組の方向性の取りまとめ」（以下、「取りまとめ」）を提出しました。

「取りまとめ」は、地方税や国税、生活保護、国民健康保険等に係わる行政機関から金融機関等に対しての預貯金等の照会が年間約６０００万件にも及んでおり、膨大なコスト負担や処理に要する時間などが課題となっているとしたうえで、「民間事業者によるサービス等を活用し、金融機関・行政機関の双方において原則として預貯金等の照会・回答業務をデジタル化」し、行政機関と金融機関の間のオンライン・ワンストップ化を図ることを提言しています（**図4**）。

しかし、不思議なことに「取りまとめ」には、照会・回答業務をデジタル化するにあたって対象者を特定する方法については一切書かれていません。マイナンバーの文字も全く出てきません。もし預金者の氏名や住所だけで特定ができるなら、預貯金口座にマイナンバーを付番する必要などありません。しかし、それはあり得ない話です。現実的に考えれば、マイナンバー利活用方針に「行政機関と金融機関の間のオンライン・ワンストップ化を検討する」とあることからも、照会・回答業務にはマイナンバーが使われることになると見て間違いないでしょう。２０１９年12月20日に改定され閣議

図4

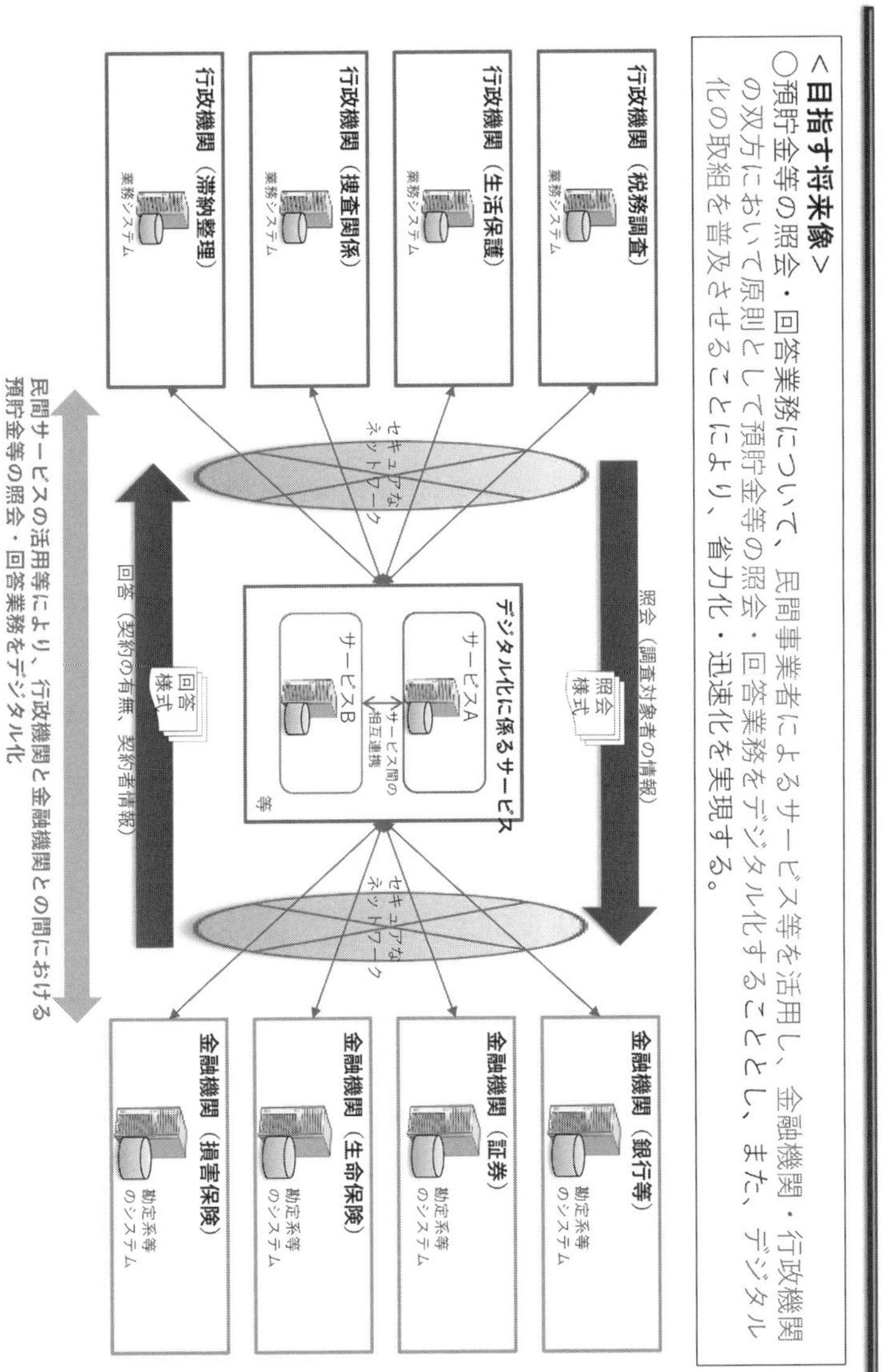
預貯金等の照会・回答業務のデジタル化に向けて目指す将来像
＜目指す将来像＞
○預貯金等の照会・回答業務について、民間事業者によるサービス等を活用し、金融機関・行政機関の双方において原則として預貯金等の照会・回答業務をデジタル化することとし、また、デジタル化の取組を普及させることにより、省力化・迅速化を実現する。
行政機関（税務調査）
業務システム
行政機関（生活保護）
業務システム
行政機関（捜査関係）
業務システム
行政機関（滞納整理）
業務システム
セキュアなネットワーク
照会（調査対象者の情報）
照会様式
デジタル化に係るサービス
サービスA
サービス間の相互連携
サービスB
等
回答様式
回答（契約の有無、契約者情報）
セキュアなネットワーク
金融機関（銀行等）
勘定系等のシステム
金融機関（証券）
勘定系等のシステム
金融機関（生命保険）
勘定系等のシステム
金融機関（損害保険）
勘定系等のシステム
民間サービスの活用等により、行政機関と金融機関との間における預貯金等の照会・回答業務をデジタル化
2

出典：「金融機関×行政機関のデジタル化に向けた取組の方向性の取りまとめ_概要」（内閣官房IT総合戦略室）

決定されたデジタル・ガバメント実行計画には、「取りまとめ」を踏まえ、照会・回答業務をデジタル化することを検討すると書かれています。「取りまとめ」の方向が国の正式な方針となったのです。

ところで、「金融機関×行政機関の情報連携検討会」とはどういう組織なのでしょうか。国の正式な機関であるＩＴ総合戦略本部に「取りまとめ」を提出しているにもかかわらず、その法的性格は公表されておらず、ＩＴ総合戦略本部における位置づけも不明なうえ、取りまとめに至った議論の経過も全く公表されていません。また、「取りまとめ」の末尾に添付されている構成員の名簿からは、全国銀行協会や日本証券業協会、生命保険協会などの業界団体と、金融庁証券取引等監視委員会事務局や警察庁長官官房、国税庁長官官房、総務省自治税務局、厚生労働省労働基準局などの国の行政機関、東京都や横浜市などの自治体が参加しており、事務局は内閣官房ＩＴ総合戦略室、金融庁総合政策局、同監督局が務めていることがわかります。しかし、記載されているのは組織の名称だけです。検討会に実際に参加している者の役職や氏名などは全くわかりません。国民等の財産に係わる個人情報をマイナンバーを使って把握を図る極めて重要な政策の議論に際し、こうした不透明が許されるようでは、マイナンバー制度そのものへの不信感がより一層高まってしまいます。

第3章

マイナンバーカード 今、どうなっている

1　マイナンバーカードの普及と安全キャンペーン

■マイナンバーカードの交付率は2割以下

総務省の「マイナンバーカード交付状況（令和2年7月1日現在）」によると、2020年7月1日現在のマイナンバーカードの交付数は2225万枚、交付率17・5％（男18・8％、女16・1％）と、「マイナンバー制度利活用推進ロードマップ（案）」（2015年5月20日）の2019年3月末までに8700万枚を交付する計画に比べ大きく遅れています。

年代別に交付率を見ると0～19歳が6・9％（男6・8％、女7・1％）、20～64歳が17・5％（男18・7％、女16・3％）、65～74歳が24・0％（男26・2％、女22・1％）、75歳以上が23・7％（男30・1％、女19・5％）となっています。現役世代のおよそ6人に1人に比べ、65歳以上の高齢者の取得率はおよそ4人に1人と高いことがわかります。最も交付率が高いのは75～79歳の27・1％、男女別で見ると男性は100歳以上で51・4％、女性は75～79歳で24・8％となっています。交付数で見ると65歳以上が839万枚を取得しており、交付総数のおよそ4割を高齢者が持っていることになります。

交付率は自治体によって大きな差があります。都道府県で最も高いのは宮崎県（24・3％）、一方、低いのは高知県（11・1％）で2倍以上の開きがあります。市区町村別で見ると、最も高いのは人口351人の新潟県粟島浦村で66・1％（232枚）、最も低いのは7・3％の北海道清水町

（697枚）、長野県下條村（275枚）、高知県馬路村（65枚）です。粟島浦村は2017年11月～2018年3月にマイナンバーカード取得促進キャンペーンを実施しており、カードのオンライン申請が役場窓口でできると村内回覧等で周知したり、事業所を訪問し、カード利活用の説明など行ったりしたようです[18]。ただし、同村は特別定額給付金のオンライン申請は実施していません。

マイナンバーカードによる便利なサービスのうち最も広がっているのは、住民票の写しや印鑑登録証明書、税の証明書、戸籍の証明書などを全国のコンビニで取得できるコンビニ交付です。2020年6月時点で、全国749市区町村で実施され、J-LISはコンビニ交付のサービスを提供している市区町村の人口を合わせると1億人を突破しており、利用可能な店舗は全国55000店舗を超えたとしています。一方、マイナンバーカードを図書館カードとして利用している自治体もありますが、青森県立や豊島区立、八王子市立、三条市立、富山県立、福井市立、京都府立、姫路市立、鹿児島県立、鹿児島市立など、ごく少数に留まっています。

■「必要性が感じられないから」取得しない

内閣府は、2018年10月に「マイナンバー制度に関する世論調査」（全国18歳以上の日本国籍を有する者3000人、有効回収数1671人）を実施しました。回答者の53・0％はマイナンバーカードを「取得していないし、今後も取得する予定はない」としています。理由は「取得する必要性が感じられないから」が57・6％と一番多くなっています。また、今後マイナンバー制度に期待することは何かと聞いたところ、複数回答ですが、「特に期待することはない」が39・8％をしめ、「マイナンバーカードが、図書館カードや健康保険証になる」はわずが16・9%であり、「マイナンバーカードで、地元の商店街で買い物ができたり割引が受けられる」はさらに少なく11・5%に過ぎません。

マイナンバーカードを取得しているかの質問に対し「取得している、もしくは取得申請中」との回答が27・2%となっていますが、総務省の「マイナンバーカード交付状況（2018年12月1現在）」はマイナンバーカードの交付率を12・2%としています。調査のあった1年後の2019年11月1日に至っても交付率は14・3%に過ぎず、世論調査の回答と大きな隔たりがあります。このことから「今後マイナンバー制度に期待することは何か」との質問への回答については、マイナンバー制度を支持する方向へのバイアスがかなり強くかかっており、実際のところは「特に期待することはない」と感じている者はさらに多いのではないかと考えられます。

本書ではマイナンバーカードの現状と利用拡大策、そしてその問題点について見ていくのですが、結論を先に言えば、政府は「国民等が必要性を感じていないのなら必要性を感じるようにしてやろう」とばかりに、必要性の乏しい利用拡大を、国民世論に反し、巨額の予算を使って無理やり進めているようにしか見えません。特に、後述する健康保険証化は必要性を感じさせるどころか「取得しなければ暮らせないようにしてやろう」と政府は考えているのではないかとさえ思わせるものとなっています。

■「危ないは誤解」の安全キャンペーン

この世論調査によると、マイナンバーカードを取得しない理由の2番目は「身分証明書になるものは他にあるから」の42・2％ですが、そのあとに「個人情報の漏えいが心配だから」の26・9％、「紛失や盗難が心配だから」の24・9％が続いており、カードへの不安が国民の間で大きいことがわかります。

政府もその点はよく承知しているようです。ただし、それは〝誤解〟だというのです。2019年6月に閣議決定された「マイナンバー利活用方針」は、マイナンバーカードの安全性の周知等を図るとして「マイナンバーの秘匿に対する誤解の解消を図るため、関係ガイドライン等の見直しを含め、マイナンバーカードの普及促進とあわせて、制度の周知を積極的に進める」「24時間365日一時停止が可能であることなど、マイナンバーカードの安全性の周知を徹底する」とし、「マイナンバーの秘匿に対する誤解払拭をはじめとしたマイナンバー制度の理解促進とマイナンバーカードの安全性等に関する広報については、広く国民一般に対して呼びかける必要があることから、テレビCMやウェブ動画など政府広報をはじめとする広報を積極的・継続的に展開する」としています（傍線は筆者）。

政府は、マイナンバーカードがより安全になるようにするのではなく、「実は安全でした、みなさんの誤解です」と言い換えることを選んだのです。「マイナンバー利用時の厳格な本人確認等を通じて、マイナンバーカード利用の安全性を確保する」と書いてあるとの反論もあるでしょう。しかし、これは当初より実施されていることであって、何ら新しい方策ではありません。また、揚げ足取りではありませんが「マイナンバー利用時」とありますが、利用するのは行政機関等であって、国民等は書類にマイナンバーを書かされているだけです。国民等が利用するのはマイナンバーカードです。

この〝誤解〟の解消を図る方針を受け、2019年の夏から「マイナンバーカードは安全です」「持ち歩いても大丈夫」「マイナンバーを見られても悪用は困難」「マイナンバーを見られてもそれだけで財産的被害は生じない」「もし見られたとしても、他人があなたのマイナンバーを使って手続することはできない仕組みになっています」「マイナンバーを知られても、あなたの個人情報を調べることはできません」などと書かれたリーフレット（**図5**）等を作成し配布する安全キャンペーンを政府は始めています。

こうした安全キャンペーンの展開は、マイナンバーカードを健康保険証にも使えるようにしたところで、国民等がマイナンバーカードの取得、特に持ち歩きに不安を感じていれば、利用が広がらないと政府は考えているからでしょう。しかしながら、マイナンバー制度の導入時に、従業員などのマイナンバーが漏れないよう管理に気をつけろと民間企業に対してあれほどうるさく言っていた政府が「マイナンバーを見られても悪用は困難」と今さら主張するのは、あまりにも御都合主義だと言わざるを得ません。

２０１６年１月のマイナンバー制度のスタートにあわせ、個人情報の適切な管理と利活用を監督することを目的に、内閣府の外局として個人情報保護委員会が個人情報保護法に基づき発足しました。同委員会が作成した「特定個人情報の適正な取扱いに関するガイドライン（事業者編）」（２０２０年５月25日最終改正）には「個人番号が悪用され、又は漏えいした場合、個人情報の不正な追跡・突合が行われ、個人の権利利益の侵害を招きかねない」とあります。個人情報保護委員会も〝誤解〟をしているのでしょうか。

図5

出典：「リーフレット　持ち歩いても大丈夫！マイナンバーカードの安全性」内閣府・総務省

■ICチップを壊してもマイナンバーカードは残る

多くの人たちが心配しているのはマイナンバーカードを持ち歩くことによる紛失や盗難です。当たり前ですがマイナンバーカードを失ったり盗られたりしたときに、漏洩するのはマイナンバーカードの裏面に印字された、政府が「見られても悪用は困難」だとするマイナンバーだけではありません。表面に書かれた氏名や住所、生年月日、性別に加え、顔写真も一緒に漏洩します。こうした個人情報も合わせて漏洩するからこそ危ないのであり、人々は持ち歩くことに不安を感じているのです。

内閣府は「マイナンバーカードの紛失・盗難によるカードの一時利用停止については、24時間365日対応します」としてフリーダイヤルの電話番号を公開しています。しかし、利用を停止したところで、漏洩した氏名や住所、生年月日、性別、顔写真が回収されるわけではなく、どうすることもできません。また、パンフレットには「不正に情報を読み出そうとすると、ICチップが壊れる仕組み」だから安全だとも書かれています。しかし、ICチップは壊れても、マイナンバーカード自体が〝自動的に消滅する〟ことはありませんから、残念ながら個人情報も顔写真も危険にさらされたままです。

ところで、たくさんの個人情報が記載され落とすと同じように危ない運転免許証を多くの人は日頃から持ち歩いているのだから、マイナンバーカードだけをことさら危険視するのはいかがなものかとの声も聞こえてきます。しかし、落とすと危ないものが一つから二つへと倍増するのは間違いありません。

■「マイナンバーを見られても悪用は困難」？

政府のリーフレットには「マイナンバーを見られても悪用は困難」と書かれています。確かに12桁の数字であるマイナンバーだけを誰かに見られたとしても、それが誰のものであるのかわかりませんし、それ以前に、その数字がマイナンバーであること自体わからず——例えば、道に12桁の数字だけが書かれた紙切れが落ちていた場合を想像して見てください——悪用のしようがないのは事実でしょう。しかし、マイナンバーだけが書かれた書類や電子データなどは、いかなる目的にも使うことができませんから、この世には存在しないのではないでしょうか。マイナンバーは必ず他の個人情報とセットした形で記録されています。マイナンバーが見られたり漏れたりする時は、これらの情報も一緒に見られたり漏れたりするのです。マイナンバーカードの裏面に印字されているのもマイナンバーだけではありません。氏名や生年月日も印字されています。裏面を覗かれる場合はこれらも一緒に見られてしまいます。「マイナンバーを見られても悪用は困難」はある意味間違ってはいないのですが、マイナンバーだけが漏洩することなどあり得ず、非現実的な詭弁に過ぎません。

なお、内閣府のウェブサイトにあるマイナンバー制度に関する「よくある質問（FAQ）」には2020年8月時点ではまだ次のように書かれています。マイナンバーは見られても問題ないのか、見られないようにしなければならないのか、いったいどちらなのでしょう。

Q1－7　マイナンバーは誰にでも提供してもいいのですか。それとも人に見られてもいけない番号ですか。

Ａ１－７　マイナンバーは社会保障、税、災害対策の分野の手続のために行政機関等に提供する場合を除き、むやみに他人に見せることはできません。……なお、マイナンバーが見られたり漏れたりしたとしても、マイナンバーだけで手続はできませんが、個人のブログなどでご自身のマイナンバーを公表するといったことは法律違反になる可能性もありますので、絶対にしないでください。（２０１５年12月回答）

Ｑ１－８　マイナンバーを取り扱う場合に何に注意すればいいですか。

Ａ１－８　マイナンバーは生涯にわたって利用する番号なので、個人番号通知書や通知カード、マイナンバーカードをなくしたり、マイナンバーをむやみに提供したりしないようにしてください。……（２０１５年12月回答）

■通知カードは廃止され、使えなくなる？

２０１９年５月24日のデジタル手続法の成立によって番号法が改正され、２０２０年５月25日をもって通知カードが廃止されました。通知カードはマイナンバーが付番された国民等に、その番号を市区町村長が住民に対して通知する——実際には総務省令に基づきＪ－ＬＩＳに委任——ものです。２０１５年10月５日の付番に伴い、同月から年末にかけて、通知カードは一斉に送付されました。同月６日以降に出生届が出された子どもや、日本に入国し住民登録をした外国人などには、その都度、通知カードがＪ－ＬＩＳから送られていました。しかし、今回、廃止されたことにより、新たに通知カードを発行し交付することは再交付も含めてなくなりました。２０２０年5月25日以降、出生や入国により新たに住民登録がなされ、マイナンバーが付番された者へは、市区町村から委任を受けたＪ－ＬＩＳが、通知カードの代わりに「個人番号通知書」を発行し、送付しています。

通知カードは、マイナンバーを勤務先や、行政機関等に提供する際に、自分のマイナンバーを証明する書類として使われてきました。個人番号通知書にも、氏名や生年月日などとともに、マイナンバーが記載されていますが、通知カードのようにマイナンバーを証明する書類としての利用はできませんし、紛失しても通知カードのように再発行されることもありません。

では、通知カードはマイナンバーの証明にはもう使えないのでしょうか。総務省のウェブサイトには「通知カードに記載された氏名、住所等が住民票に記載されている事項と一致している場合に限り、引き続き通知カードをマイナンバーを証明する書類として利用できます」と書かれています。記載事項に変更がなければ、勤務先や行政機関等にマイナンバーを提供する場合、マイナンバーを証明する書類として引き続き利用できるのです。

引っ越しや婚姻などで通知カードの記載事項に変更があった場合はどうでしょうか。これまで通知カードに記載してある住所や氏名が変わった場合は、市役所等に通知カードを持参すれば、裏面の追記欄に記載事項に変更があった旨が追記されました。この追記措置は、通知カードが廃止されたことによりなくなりました。しかし、追記を２０２０年5月24日までに受けていたのなら、通知カードの記載と住民票の記載は一致していますから、引き続きマイナンバーを証明する書類として利用できます。

また、通知カードが使えない場合や紛失した場合も、これまで通りマイナンバーが記載された住民票の写しを、マイナンバーを証明する書類として使えます。ですから、通知カードが廃止されたからといって、あわててマイナンバーカードの交付申請をする必要はありません。

では、なぜ政府は通知カードを廃止したのでしょうか。総務省のウェブサイトには「通知カードの転居時等における記載事項の変更の手続が住民及び市区町村職員の双方に負担となっており見直しを求める要望があったことや、社会のデジタル化を進める観点から紙製のカードから公的個人認証の電子証明書が搭載されたマイナンバーカードへの移行を早期に促していく観点から行われたものです」と書かれています。

確かに通知カードを廃止すれば、通知カードの変更手続きはなくなります。しかし、マイナンバーカードの変更手続は引き続き必要なうえ、マイナンバーカードの普及が進めば、変更手続は増え、職員の負担も大きくなっていきます。住民や職員のことを本当に気にかけているのなら、マイナンバーカードを廃止すれば良いのです。また「マイナンバーカードへの移行を早期に促していく観点」は、政府の勝手な思いであって、国民等の預かり知らぬことです。政府の魂胆は、追記や再交付をなくし国民等に不便を強いること――勘ぐれば、「通知カードが廃止される＝証明書類として使えない」の誤解を広げること――で、マイナンバーカードの交付数を増やそうということではないでしょうか。

18「日本経済新聞」（2019年10月28日）は、粟島浦村の担当者（戸籍係）の「集落が2つしかなく高齢者が誘い合って役場に来た。職員が写真を撮って手続きを進めたことが大きかった。今後も日本一であり続けたい」という声を紹介しています。

2　公的個人認証の電子証明書

■電子証明書とは何か

「電子署名等に係る地方公共団体情報システム機構の認証業務に関する法律」（以下、「公的個人認証法」）を根拠とする公的個人認証（Japanese Public Key Infrastructure、略称：ＪＰＫＩ）は、マイナンバー制度が始まる前からありますから、マイナンバー制度とは別のものと捉えることも可能です。しかし、マイナンバーカードのサービスの多くに公的個人認証の電子証明書が使われていること、また電子証明書の記録媒体としてマイナンバーカードが法定（公的個人認証法　第３条第４項、及び第22条第４項）され、基本的にマイナンバーカード交付の際に市区町村長が同時に交付することから見て、マイナンバー制度と不可分の関係、もしくは制度の一部と捉えるべきでしょう。なお、公的個人認証は、マイナンバー、マイナンバーカード、住基ネットと同じくＪ－ＬＩＳが管理しています。

公的個人認証が始まったのはマイナンバー制度がスタートする10年以上前の２００４年１月です。現在、マイナンバーカードのＩＣチップには署名用電子証明書と利用者用電子証明書の二種類の電子証明書が記録されていますが、２００４年１月に制度がスタートした際には住基カードのＩＣチップに署名用電子証明書だけが記録されていました。利用者用電子証明書はマイナンバーカードになって初めて登場したものです。どちらの証明書もマイナンバーカードを市役所等で取得する際に国民等一人につき、それぞれ１件ずつ交付されます。複数取得することはできません。

署名用電子証明書には、マイナンバーカード所有者の住民票記載通りの基本4情報（氏名、住所、生年月日、性別）と発行日、有効期限、固有の発行番号（シリアルナンバー）が記載されています。オンラインによる確定申告や、行政機関等への電子申請等を行う際などに、送付した文書が申請者が作成し、送信したもので間違いないことなどを証明する際に使います。利用するには、マイナンバーカード取得時に設定した英数字6～16桁のパスワードの入力が必要です。電子証明書に記載されている基本4情報は住基ネットから提供されており、転居や婚姻等により4情報のうちのどれかに異動が生じた場合や、死亡、国外転出等により住民票が消除された場合、署名用電子証明書は失効します。

一方、利用者用電子証明書に記載されているのは発行日、有効期限、固有の発行番号だけです。マイナポータル（次節を参照）の情報を閲覧する際や、コンビニ交付のサービスを受ける際などに、利用者本人であることを証明することに使います。利用するには、マイナンバーカード取得時に設定した数字4桁のパスワードの入力が必要です。利用者用電子証明書は、署名用電子証明書と異なり基本4情報に異動があっても、失効はしません。

なお、署名用電子証明書の発行番号と利用者用電子証明書の発行番号はJ－LISのサーバーで関係づけられており、どちらかがわかれば他方もわかる仕組みとなっています。また、有効期限はどちらも発行日から5回目の誕生日までです。

インターネット上のサービスなどで電子証明書を利用すると、サービス提供者に発行番号等が伝わり、サービス提供者は発行番号をJ－LISに送ることで、電子証明書の有効性を確認することができます。ただし、有効性の確認は無料ではなく、サービス提供者はJ－LISに手数料を支払う必要があります。

■利用が野放しの発行番号

電子証明書が使われるのは、電子申告や電子申請、コンビニ交付、マイナポータルなど公的分野だけではありません。総務省は民間事業者に対し、「顧客から提出を受けた電子証明書の利用により、何らかの顧客情報の変化があるかを把握し、より迅速で効率的な情報更新が可能に（なる）」「顧客情報等に関する正確な情報をデータベースで保存・管理することができるため、独自のメンバーズカードの発行が省略可能」となるなど、公的個人認証のメリットを強調し、その利用を促しています[19]。オンラインでの銀行や証券の口座開設、住宅ローン申し込み、携帯電話のレンタル契約などの際の本人確認など民間分野での利用が一部ですでに始まっています。

さらに、総務省は民間企業に「電子証明書の発行番号と顧客データを紐づけて管理することにより、様々なサービスに活用が可能」と利用を促しています[20]。顧客データと紐付ければ、顧客のプロファイリングも可能となるのですが、発行番号にはマイナンバーのような利用制限――「法律や条令で定められた……手続に必要な場合を除き、民間事業者が従業員や顧客（の）……マイナンバーを含む個人情報を収集し、保管したりすることもできません」（内閣府ウェブサイト「よくある質問（FAQ）」）――はなく野放し状態です。

発行番号とマイナンバーカードの取得者である国民等とは一対一の関係です。民間企業であるサービス提供者は発行番号を得ただけでサービス対象が誰なのかを特定でき、番号を使った名寄せやデータベースの作成も可能となります。発行番号は電子証明書を更新すると変わりますが、J－LISは更新前後の番号を関連付ける履歴管理サービスも提供しており、マイナンバーカードの取得者は発行番号とその履歴によって、生涯にわたって特定されることになります。マイナンバーの利用には厳しい規制を行う一方、政府の発行番号に対するあまりにも緩い措置は、バランスを欠いており到底容認できるものではありません。

「いや、マイナンバーの付番は強制だが、マイナンバーカードも電子証明書も取得は任意であり、利用規制のレベルは違って当然だ」との反論があるかも知れません。しかし、政府は電子証明書入りのマイナンバーカードを健康保険証にし、ほぼ全ての住民に持たせようとしています。これは事実上の取得強制ですから、その論はあたらないでしょう。

■マイナンバーカード、公的個人認証を国外転出者にも

現在、国外転出の届出を住所地の市区町村長に行うと、住民票は除票され、いずれの市区町村の住民基本台帳にも記録されない者となり、それまで保有していたマイナンバーカードも公的個人認証の電子証明書も無効となります。また、国外にいる限り、あらたにこれらの交付申請を行うこともできません。

しかし、2019年5月24日のデジタル手続法の成立に伴う住基法と番号法、そして公的個人認証法の改正により、戸籍の附票の住所に国外転出者であると記載されている者は、2024年頃ま

でに、その者が記録されている戸籍の附票を備える市区町村の市区町村長にマイナンバーカードの交付申請を行うことができるようになります[21]。また、同市区町村長を経由して公的個人認証の電子証明書の発行申請をJ－LISに対して行えるようにもなります。

国外転出者が便利になるのは間違いないでしょう。しかし、住民票が存在しない国外転出者にまでマイナンバーカードや公的個人認証の電子証明書の利用を可能とさせるために、市区町村長に戸籍の附票がある、すなわち本籍地があるだけであって住民でない者——本籍地は日本国の領土内であればどこでも置くことが可能であって、本籍地を変更する場合、転籍先の市区町村との関係などを問われることは一切ありません——にまでマイナンバーカードの交付をさせ、J－LISへの電子証明書の発行申請を経由させようとするのは、「マイナンバーカード・公的個人認証は、住民票を基礎とした制度」（内閣官房IT総合戦略室「デジタル手続法案について」2019年3月）とする政府自らの説明と矛盾しています。マイナンバー制度の際限なき拡大を象徴しているものと言わざるを得ません。

19　総務省自治行政局住民制度課「マイナンバーカードを活用したオンライン取引等の可能性について」2020年4月。
20　総務省「公的個人認証サービスの民間利用　令和元年11月1日現在」。
21　国外転出者のマイナンバーカードには、国外の住所は記載されず、国外転出者である旨と国外転出届に記載された転出予定日が表記されます。

3　マイナポータルとマイキーＩＤ

■マイナポータルとは

　番号法附則第6条第3項の「情報提供等記録開示システムを設置するとともに、年齢、身体的な条件その他の情報提供等記録開示システムの利用を制約する要因にも配慮した上で、その活用を図るために必要な措置を講ずるものとする」に基づき、マイナンバーを利用した国民等に向けたオンラインサービスとして政府は「マイナポータル」を2017年11月13日から提供しています。

　マイナポータルを利用するには、最初にパソコンやスマホでインターネット上に開設されているウェブサイト「マイナポータル」にアクセスし、利用者登録（アカウント開設）をしなければなりません。登録の際の本人確認には、マイナンバーカードの利用者証明用電子証明書が使われます（4桁のパスワードの入力が必要）。ＩＣカード読取り機能の付いたスマホで登録する場合は必要ありませんが、パソコンで行う場合はＩＣカードリーダーが必要となります。

　内閣府のウェブサイト「マイナポータルとは」によると、マイナポータルのサービスには、「民間送達サービスとの連携」「公金決済サービス」「自己情報表示（あなたの情報）」「お知らせ」「よくある質問／問い合わせ登録」「サービス検索・電子申請機能（ぴったりサービス）」「情報提供等記録表示（やりとり履歴）」などがあります。このうちの「自己情報表示（あなたの情報）」は行政機関等が保有する「あなたについての個人情報」を検索して確認することができる機能、「お知らせ」は行政機関等から配信されるお知らせを受信することができる機能、そして「情報提供等記録表示（やりとり履歴）」は、あなたの個人情報を行政機関同士がやりとりした履歴を確認することができる機能です。こうしたサービスを実現しているのは、マイナンバーを使って個人情報を名寄せするシステムである情報提供ネットワークシステムです（**図6**）。

マイナポータルが本格運用開始されたのは2017年11月13日ですが、これは同日から情報提供ネットワークシステムの本格運用が始まったからです。なお、注意が必要なのは、「情報提供等記録表示（やりとり履歴）」で表示されるのは、情報提供ネットワークシステムを使ってマイナンバーを内容に含む特定個人情報をやりとりした場合のみであって、番号法19条14号を根拠に特定個人情報が提供された場合――例えば刑事事件の捜査に関わって――は表示されません。

マイナポータルは10万円の特別定額給付金のオンライン申請にも使われていましたが、マイナポータルに利用者登録をする必要がなかったため、利用者証明用電子証明書のパスワードの入力を求められることはありませんでした。しかし、オンライン申請の最終段階で、本人確認のために署名用電子証明書のパスワードの入力を求められ、これが混乱に拍車をかけてしまいました。

■自己情報コントロールとマイナポータル

マイナポータルに関する法規定は、番号法の附則第6条第3項の設置することを求めると、第4項の設置後に国民の利便性の向上を図る観点から所要の措置を講じることを求める二つだけです。利用制限などについては本則も含め特段の規定はなく、番号法の他にマイナポータルについて規定す

図6

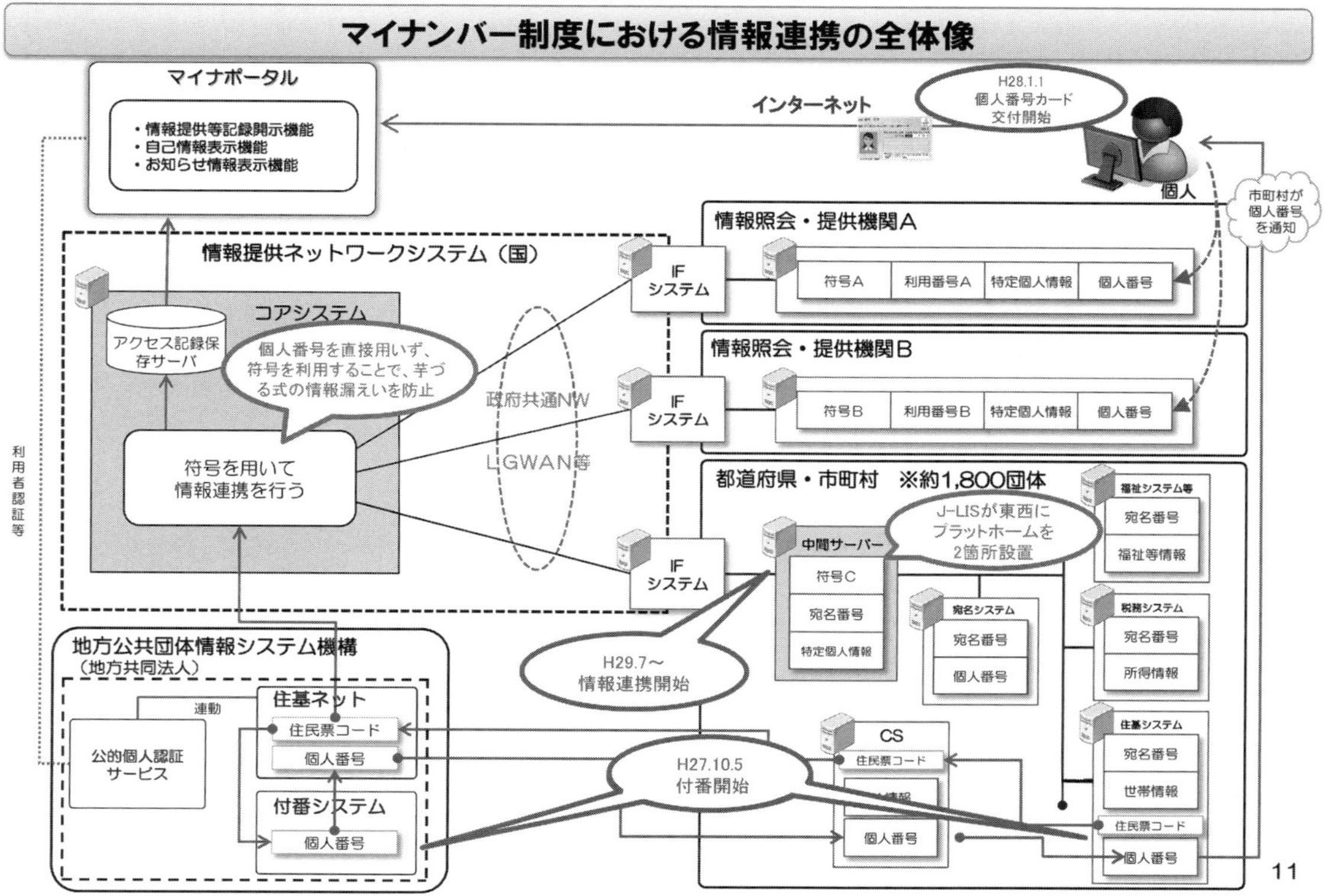

出典：「マイナンバー制度における情報連携について　平成28年5月」（総務省個人番号企画室）

る法も存在しません。内閣府のマイナポータルのウェブサイトにも、根拠法に関する情報は一切掲載されていません。

内閣官房社会保障改革担当室が2012年4月に発行したリーフレット「マイナンバー　社会保障・税番号制度」は、「番号制度がめざす社会」の一つとして「国民の権利を守り、国民が自己情報をコントロールできる社会」であるとしたうえで「自分のマイナンバーと関連して管理される個人情報について、誰がいつどのような情報提供をしたか、自分自身で確認できるようなしくみ（マイ・ポータル）を設けます」と説明していました（マイ・ポータルは、マイナポータルの旧称です）。

マイナポータルは、行政機関等が保有する「自己情報」は何かを国民等自ら確認できるとともに、「情報提供等記録表示（やりとり履歴）」機能によって、自己の情報をどの行政機関等が、いつ、いかなる目的で提供したのかを確認できることを通じて、内閣官房が言うところの「国民の権利を守り、国民が自己情報をコントロールできる社会」への入口となるはずの極めて重要なサービスです。にもかかわらず、マイナポータル自体の根拠が未だ2013年5月の番号法制定時の附則だけというのはあまりにもルーズであり、極めてお粗末なものと言わざるを得ません。

■マイナポータルは安全なのか

ところで、マイナポータルにおけるプライバシー保護は充分なものだと言えるのでしょうか。マイナポータルを利用するには、マイナンバーカードの利用者証明用電子証明書を使って利用者登録をする必要があります。その際には電子証明書のパスワードの入力が必要なうえ、利用者登録後もマイナポータルを利用する度にマイナンバーカードとパスワードが求められます。

これらのことからマイナンバーカードを本人が所持している限り、他人がマイナポータルを開設したり、マイナポータルを利用したりすることはできないことになります。しかし、マイナンバーカードが盗まれたり脅し取られたり、紛失したものを取得されたりすることによって、他人によってマイナポータルが開設されたり、利用されたりする可能性は、4桁のパスワードが例えば誕生日や住所（マイナンバーカードの表面に記載）などから類推されることも充分考えられ、決してゼロとは言えません。脅迫行為などにより、本人に開設させたり、表示させたりしたうえで、それを他人が利用することも起こりうるでしょう。また、もっと単純に、他人が横からパソコンやスマホの画面を覗き見ることもあり得るでしょう。

もちろん盗難や紛失したことを本人が届け出て電子証明書を無効化すれば、こうした不正行為を幾分かは防ぐことが可能です。しかし、盗難等にあったことに気づかなかった場合や、盗難等によって生じる危険性を知らなかった場合は、何らかの損害を被るまで放置される可能性があります。

こうした危険性をマイナポータルのようなサービスにおいて完全に払拭するのは困難であることは理解できます。しかし、問題なのは、こうした危険性について、マイナポータルのウェブサイトだけでなく、総務省のマイナンバー制度の解説にも、内閣府のマイナポイントのページにも、またQ＆Aにも何も書かれていないことです。なぜ書かないのか、注意喚起しないのか不思議でなりません。安全であるとしなければ利用が進まないと考えているのでしょうか。もしそうなら、あまりにも無責任です。

無責任という点では、マイナポータルのウェブサイトには、開設者が政府であることや、責任官庁がどこなのかといった情報が記載されていないことも相当なものです。ページの下部にある「マイナポータルとは」をクリックしても内閣府のウェブサイトに飛ぶだけです。これでは説明にはなりません。

政府は2018年6月21日に閣議決定した「未来投資戦略2018」において、予防接種歴や特定健診の結果、薬剤の投与に関する情報など医療に関わる情報もマイナポータルで、自己情報として閲覧できるようにするとしています。医療に関わる情報は、特に慎重な取り扱いを要する「要配慮個人情報」[22]、いわゆるセンシティブ情報です。他人に知られれば、差別や偏見を生じさせる恐れがあり、本人への深刻なダメージとなりかねません。果たしてマイナポータルのプライバシー保護は充分に大丈夫と言えるレベルなのでしょうか。

■マイナポータルを見ているのは私だけ？

マイナポータルは情報提供ネットワークシステムの機能を活用して、国民等が行政機関等の保有する「自己情報」を見ることができる機能をも持ったシステムです。では、見るのは本人だけでしょうか。先に述べたような本人に成りすまして他人が見るとか、横から覗き込むとかの意味ではありません。

マイナポータルがマイナンバーを使って実現できるということは、複数の行政機関等が保有している国民等の個人情報を、どこかの行政機関――例えば、国税庁や警察――がマイナンバーを使って集めて閲覧できるシステムを構築することも可能だということです。**図6**のマイナポータルがどこかの行政機関等のパソコン画面に、右上の個人が行政機関等の職員に置き換わるシステムです。「私が私のことを見られるのだから、行政機関等も私のことを見られるのではありませんか」という話です。

また、こうしたシステムがなくても、国民等の個人情報を見るために行政機関等がマイナポータルを本人に代わって利用する可能性もあります。マイナポータルの法律上の根拠が番号法の附則だけであるというお寒い状況から見て、将来にわたって、そのようなことはないと言い切れるとは思えません。

ところで山本龍彦・慶応大学教授はマイナポータルに対して面白い指摘をしています。「行政機関から自分に対しての必要なお知らせ情報等を自宅のパソコン等から確認できる」システムだと総務省は説明しているが、「あなた」にぴったりの行政情報を提供するには、「政府がいつも『あなた』を見ていて、『あなた』に関する情報から『あなた』の傾向を『予測』している必要がある、ということを忘れるべきではないだろう。……総務省のホームページでは、誇らしげに、『行政機関などから個人に合ったきめ細やかなお知らせを確認できる』と宣伝されているが、『きめ細かく』なればなるほど、あなたに関する多くの情報を使って、あなたの個人的側面をつぶさにプロファイリングすることが求められるのである」[23]。

あなたとのことをよく知っていないと――時にはあなた自身よりも――、政府はあなたにぴったりの情報は提供できませんよ、だからあなたのことをずっと見ていますよという話です。

■一度取得すれば、生涯にわたって使えるマイキーID

政府は、マイナンバーカードの活用策の一つとしてマイキープラットフォーム構想を進めてきました。総務省報道資料「マイキープラットフォームの運用開始等」（２０１７年９月21日）によれば、マイキープラットフォームは、「マイナンバーカードを活用し、公共施設などの様々な利用者カードを一枚にするとともに、各自治体のボランティアポイントや健康ポイントなどをクラウド化することに併せ、クレジットカードなどのポイントやマイレージを地域経済応援ポイントとして全国各地に導入・合算し、様々な住民の公益的活動の支援と地域の消費拡大につなげることを目的とした」ものです。サービスの提供開始は２０１７年９月25日でした。

なお、クラウドは、「クラウドコンピューティング（Cloud Computing）」を略したもので、従来は利用者が手元のコンピューターにインストールしていたソフトウェアや保存していたデータを、民間事業者などがネットワーク経由で利用者に提供するサービス形態のことを言います。この事業の場合も、自治体は独自にシステム開発などをする必要はなく、クラウドのシステムを利用することで比較的簡単に地域経済応援ポイント事業などを始めることができます。

国民等がマイキープラットフォームのサービスを利用するには、マイキーＩＤの取得が必要です。取得するには、総務省が開設しているウェブサイト「マイキープラットフォーム」にパソコンかスマホでアクセスし、マイナンバーカードに記録されている公的個人認証の利用者証明用電子証明書を使って本人確認をする必要があります。その際には、パソコンやスマホにアプリケーションソフトをインストールするとともに、パソコンの場合はマイナンバーカードの電子証明書を読み込むためのＩＣ

カードリーダーが必要となります。

ＩＤは識別子（identification）のことで、複数の対象から特定の一つを識別、同定するのに用いられる文字列や数字からなる記号です。マイキーＩＤは自動的に設定される8桁の英数字（後から任意の英数字に変更可能）からなり、電子証明書の発行番号と紐付けられており、一人で複数取得することや、匿名や偽名での取得はできないようになっています。マイキーＩＤはマイナンバーと同様に国民等と1対1の関係になっており、個人の特定が可能な識別子なのですが、「広く行政サービスや民間サービスで利用可能」とされ、マイナンバーのような利用規制はなされていません。また根拠となる法も見当たりません。

マイキーＩＤを取得すると、図書館などの公共施設等の様々な利用者カードの代わりにマイナンバーカードを使うことができるようになります。そのためには、マイキーＩＤと、公共施設等の利用者に交付されているＩＤ（例えば図書館カードの番号）とを紐付ける必要があります。もちろん強制や自動的ではなく本人が希望した場合です。現在、マイキーＩＤを利用して、マイナンバーカードを図書館カードに使っている自治体は全国に30ほどあるようです。

また、マイキーＩＤを持てば「自治体ポイント」サービスも利用できるようになります。自治体ポイントは「商店街・商店、美術館・博物館、その他公共施設、特定支援イベント、オンラインショップ、クラウドファンディングの幅広い施設で、商品の購入や入場料」として利用できるポイントで、「クレジットカードのポイントや航空会社のマイレージなどを変換する」か、自治体から付与される「ボランティア等の景品としての行政ポイント」を得ることで貯めることができます（マイキープラットフォーム「利用者マイページに関するお問合せ」）。もっとも自治体ポイントの付与や利用を行っている自治体はごく少数です。２０２０年8月時点で、自治体ポイントのウェブサイトに載っているのは40市町村ほどです。

なお、マイキーＩＤは利用者証明用電子証明書が有効期限切れなどにより更新された場合にも自動的に新たな電子証明書の発行番号に紐付けられるように作られています。本人が破棄しない限り、一度取得すると生涯にわたって同じマイキーＩＤを利用し続けることになります。

22　要配慮個人情報は、個人情報保護法第2条第3項に規定されている「人種、信条、社会的身分、病歴、犯罪の経歴、犯罪により害を被った事実その他本人に対する不当な差別、偏見その他の不利益が生じないようにその取扱いに特に配慮を要する……個人情報」のこと。

23　山本龍彦『おそろしいビッグデータ　超類型化ＡＩ社会のリスク』朝日新書。

第4章

マイナンバー
これからどうなる

1　マイナンバーによる名寄せの拡大と資産把握

■デジタル手続法と名寄せの拡大

行政機関等の垣根を越えた個人情報の名寄せをマイナンバーによって行う仕組みである情報提供ネットワークシステムを使った情報連携の実現と、番号法の度重なる改正により、行政機関等への手続きの際に住民票の写しや課税証明などの添付書類を省略できるケース、すなわち名寄せが行われるケースが増え続けています。情報提供ネットワークシステムが稼働した２０１７年11月時点では情報連携の対象手続きは８５３でしたが、２０１９年10月には２０６８になり、現行法上では２２３０となっています。マイナンバーを使った名寄せは際限なく拡大しているのです。

情報通信技術（ＩＴ）を活用した行政の推進に向け、その基本原則やオンライン手続等を行うために必要となる事項を定めることなどを目的とする「デジタル手続法」が２０１９年５月24日に成立しました。

内閣官房情報通信技術（ＩＴ）総合戦略室が作成した資料「デジタル手続法の概要　令和元年６月12日」には、デジタル手続法に基づく「行政のデジタル化を推進するための個別施策」がいくつもあげられています。マイナンバー制度に関連するものとしては、「国外転出者による公的個人認証（電子証明書）・個人番号カードを活用したオンライン手続・本人確認の実現」「利用者証明用電子証明書の利用方法の拡大（暗証番号入力を要しない方式）」「個人番号カードへの移行拡大（通知カードの廃止）」などとともに、「個人番号利用事務及び情報連携対象の拡大」として「罹災証明書の交付事務等の個人番号利用事務への追加」と「社会保障分野の事務の処理のために、情報連携の対象の事務や情報を追加」があげられています。デジタル手続法のもと、情報連携という名の名寄せは、ますます進むことになります。

■マイナンバーによる固定資産の把握

デジタル手続法の成立を受け、デジタル・ガバメント閣僚会議が2019年6月4日に決定したマイナンバー利活用方針は「社会保障の公平性の実現、行政の利便性向上・運用効率化等に向け、マイナンバーの利活用の促進を図る」とし、「所得のみならず資産を適切に評価しつつ能力に応じた負担を求める公平な社会保障等を目指し、マイナンバーの利活用を進めている」としています。「資産を適切に評価」とありますが、現在、マイナンバーと紐付けられている資産は預貯金口座などの金融資産だけです。他の資産についてはどうなるのでしょうか。土地や家屋などの不動産は法務局の登記簿に記載されていますが、評価額は載っていません。一方、市町村の固定資産税の課税台帳には評価額が記載されています。マイナンバー利活用方針の「資産を適切に評価」には課税台帳の方が役に立つでしょう。課税台帳は納税者の住所等を確実に把握するため、所有者が住民である場合は住民票とつながっています。住民票にはマイナンバーも記載されていますから、固定資産に関する個人情報は住民票を介してマイナンバーと紐付けられていることになります。

しかし、所有者がその市町村に住んでいない場合は、住民票はありませんからマイナンバーもわかりません。こうした場合は、住基ネットを使ってマイナンバーを取得するのですが、課税台帳の氏名や住所などが不正確であれば見つけることはできません。また、相続登記がなされず死者の名義のまま放置されているケースでは、市町村は真の所有者を確定できず、マイナンバーとの紐付けはできません。

このように問題点がありどうなるかは不明ですが、〝今のところ〟番号法には固定資産の把握にマイナンバーを利用できるとの規定はありませんので、市町村から情報提供ネットワークシステムを経由して他の行政機関等に固定資産に関する情報が出ることはありません。

■資産把握の限界性

では、貴金属や宝石、書画骨董、美術品などの資産とマイナンバーを紐付けることは可能でしょうか。これらを網羅的に把握し、資産評価した台帳は、国の行政機関にも自治体にも存在しません。台帳がなければ、紐付けることは不可能ですし、全国津々浦々に調査を行って新たに作ることも、富裕層を中心に大反対が巻き起こるのは確実であり絶対にできないでしょう。また、書画骨董、美術品の評価がいかに難しいかは、テレビ番組の「開運！ なんでも鑑定団」を見ていればよくわかる話です。

海外資産の把握についてはどうでしょう。国税庁のウェブサイトにある「国税庁レポート2013」の「《コラム》社会保障・税番号制度の導入」には、「(社会保障・税) 番号を利用しても事業所得や海外資産・取引情報の把握には限界があり、番号が記載された法定調書だけでは把握・確認が困難な取引等もあるため、全ての所得を把握することは困難であることに留意が必要です」とあります。

この文言が書かれたのは番号法が成立した年ですが、翌年の「国税庁レポート2014」にも全く同じ文言があり、「国税庁レポート」の2015から2017にも「事業所得や海外資産・取引情報をはじめ、法定調書だけでは把握・確認が困難な取引等もあるため、番号を利用しても全ての所得を把握することは困難であることに留意が必要」とあります。

番号法成立からすでに7年が経過しましたが、〝困難〟は克服されたのでしょうか。「国税庁レポート2019」には「海外資産等の申告除外・国際的租税回避を把握した事例」として「租税条約に基づく自動的情報交換資料等を活用し、海外に秘匿していた預金に係る利子などの申告漏れを把握」「タックスヘイブンに設立したペーパーカンパニーを介して取引を行い、税負担を軽減していた事実を把握」が載っています。海外の税務当局とやりとりする自動的情報交換資料の中にはマイナンバーも含まれているようですが、これらの事例でマイナンバーが活躍したのかどうかは不明です。もし貢献したのなら、政府は海外を舞台にした不正蓄財、税逃れを防止する観点から大々的にアピールするはずです。しかし、そうした情報は見当たりませんし、マイナンバー利活用方針も、海外資産の把握について一切触れていません。

結局のところ、海外に資産を持っていたり、貴金属や宝石、書画骨董、美術品といった高額資産を所有していたりする富裕層に対しては、マイナンバーを使ったところで資産の全てを把握し、「適切に評価」することは困難だということです。マイナンバーが資産を「適切に評価」しうる威力を発揮するのは、富裕層ではなく、預貯金を国内にしか持たず、貴金属等の高額資産など持たない比較的所得の低い層に対してなのです。

2　医療等分野の識別子としての被保険者番号

■「見えない番号」？　それとも「見える番号」？

マイナンバー利活用方針にもあるようにマイナンバー制度の目的の一つは「社会保障の公平性の実現」です。その点から見れば、個人情報の紐付けがどこまで進むのかを考えるうえで、社会保障給付と密接に結びつく、カルテやレセプト、健診結果など医療等分野の情報とマイナンバーとの関係がどうなるのかが大きな焦点となるのは明らかです。ただし、結論を先に言うと、医療関係者からの強い反対もあり、マイナンバーを医療等分野の情報に〝直接〟紐付ける計画は存在しません。しかし、マイナンバーと医療等分野の情報がつながらないわけではありません。

厚生労働省は、個人の医療等分野の情報の共有・収集・連結を安全かつ効率的に行うための識別子の仕組みの導入が必要だとして、２０１４年5月30日に「医療等分野における番号制度の活用等に関する研究会」を設置し検討を進めてきました。

２０１５年12月10日に同研究会が示した報告書は、「電子化された情報の連携は、『見える番号』ではなく、電磁的な符号を識別子に用いて、人の手を介さずにシステム間で連携することが安全で効率的であるので、医療等分野の識別子（ＩＤ）については、セキュリティの観点から、書面への書き取りや人を介在した漏えいを防止するため、電磁的な符号（見えない番号）を用いる仕組みが適当である。また、『見える番号』の場合は、システム以外の方法での突合を誘引するおそれがあるので、安全で効率的な情報連携のインフラを志向する観点からも、電磁的な識別子（見えない番号）とすべきである」と、「見える番号」を明確に否定しました。これは「医療等分野における識別子は機微性の高い医療情報が対象となることや漏洩リスク等を考慮」する必要が特にあると考えたからです。

■コストを考慮し「見える番号」へと方針を転換

ところが、政府は未来投資戦略２０１８（２０１８年6月21日、閣議決定）において、医療等分野の識別子について「個人単位化される被保険者番号も含めた基盤を活用する方向で検討し、本年夏、早急に結論を得て、医療等分野におけるデータ利活用を推進する」としました。世帯単位の被保険者番号を個人単位化したうえで、医療等分野の識別子に使おうという考えです。医療等分野における番号制度の活用等に関する研究会が２０１５年に示した「見えない番号」として医療等分野の識別子を新たに作る方向から、健康保険証に記載された「見える番号」を流用する方向へと、政府は大きく方針転換したのです。

では、方針転換した理由は何でしょうか。未来投資戦略２０１８が閣議決定された2カ月後の２０１８年8月13日に、厚生労働省「医療等分野情報連携基盤検討会」が示した報告書「医療等分野における識別子の仕組みについて」（以下、「識別子の仕組みについて」）にはこうあります。

「見えない番号」として新たな識別子を発行する仕組みにおいては、識別子を発行・管理するためのシステムの構築が必要となるほか、医療機関側において、当該識別子を管理するためのシステム改修が必要となる。これに対し、被保険者番号履歴を活用する仕組みの場合には、既存のシステムやインフラの活用が可能であり、二重投資を回避し、医療機関等におけるシステム改修等を極力抑えて、効率的に医療情報等の共有・収集・連結を行うことが可能となる。

厚生労働省は、新たに「見えない番号」を作ることはシステム改修等のコストがかかるので、「安全で効率的な情報連携のインフラを志向する観点」（医療等分野における番号制度の活用等に関する研究会の報告書）を切り捨て、「システム以外の方法での突合を誘引するおそれ」（同）があるにもかかわらず「見える番号」の被保険者番号をより安上がりだという理由で使うべきだとしたのです。医療等分野情報連携基盤検討会も、厚生労働省も、政府も、国民等の「機微性の高い医療情報」を守ることや、システムの安全を図ることよりもコストを優先したのです。そのあまりの浅はかさには驚き呆れるばかりです。因みに、「システム以外の方法での突合」とは、例えば被保険者番号と病歴だけが記録されている資料と、被保険者番号と名前だけが記録されている資料があった場合、これを合わせれば、名前と病歴がわかってしまうという話です。

被保険者番号を医療等分野の識別子として利用開始する時期については「成長戦略フォローアップ」（２０１９年6月21日、閣議決定）は、２０２１年度からの運用開始を目指すとしています。一方、被保険者番号の個人単位化については「医療保険制度の適正かつ効率的な運営を図るための健康保険法等の一部を改正する法律」が２０１９年5月15日に国会で可決、成立したため、２０２１年5月までに実施されることになります。具体的には、被保険者番号は現在、「記号・番号」という形で世帯単位で付番され、健康保険証に記載されていますが、この番号部分に2桁の枝番を設けることで個人単位化が図られます。2桁の付番は2020年10月1日以降、健保組合など保険者ごとに順次行われる予定です。

■医療等分野の識別子とマイナンバー

「識別子の仕組みについて」が、医療等分野の識別子として「被保険者番号」ではなく、「被保険者番号の履歴」を使うとしているのはなぜでしょうか。転職をすると加入する健康保険組合が変わります。再就職をせず、自営業などになれば、市区町村の国民健康保険に加入することになります。また、国民健康保険の加入者が他の市区町村に住所を移せば加入する国民健康保険も変わります。健康保険が変われば、当然、被保険者番号も変わってしまい、「個人単位で資格情報などのデータを一元管理する」(未来投資戦略2018)ことはできませんから、被保険者番号を履歴管理――何番から何番にいつ変わったのか――する必要があります。履歴管理をすることによってはじめて、加入する健保組合や被保険者番号が変わっても、一生涯にわたって医療等分野の情報を把握し、活用することが可能になるのです(**図7**)。

未来投資戦略2018には「医療保険の被保険者番号を個人単位化し、マイナンバー制度のインフラを活用して、転職・退職等により加入する保険者が変わっても個人単位で資格情報などのデータを管理する」と書かれています。「マイナンバー制度のインフラを活用して」とはどういう意味なのでしょうか。

図7

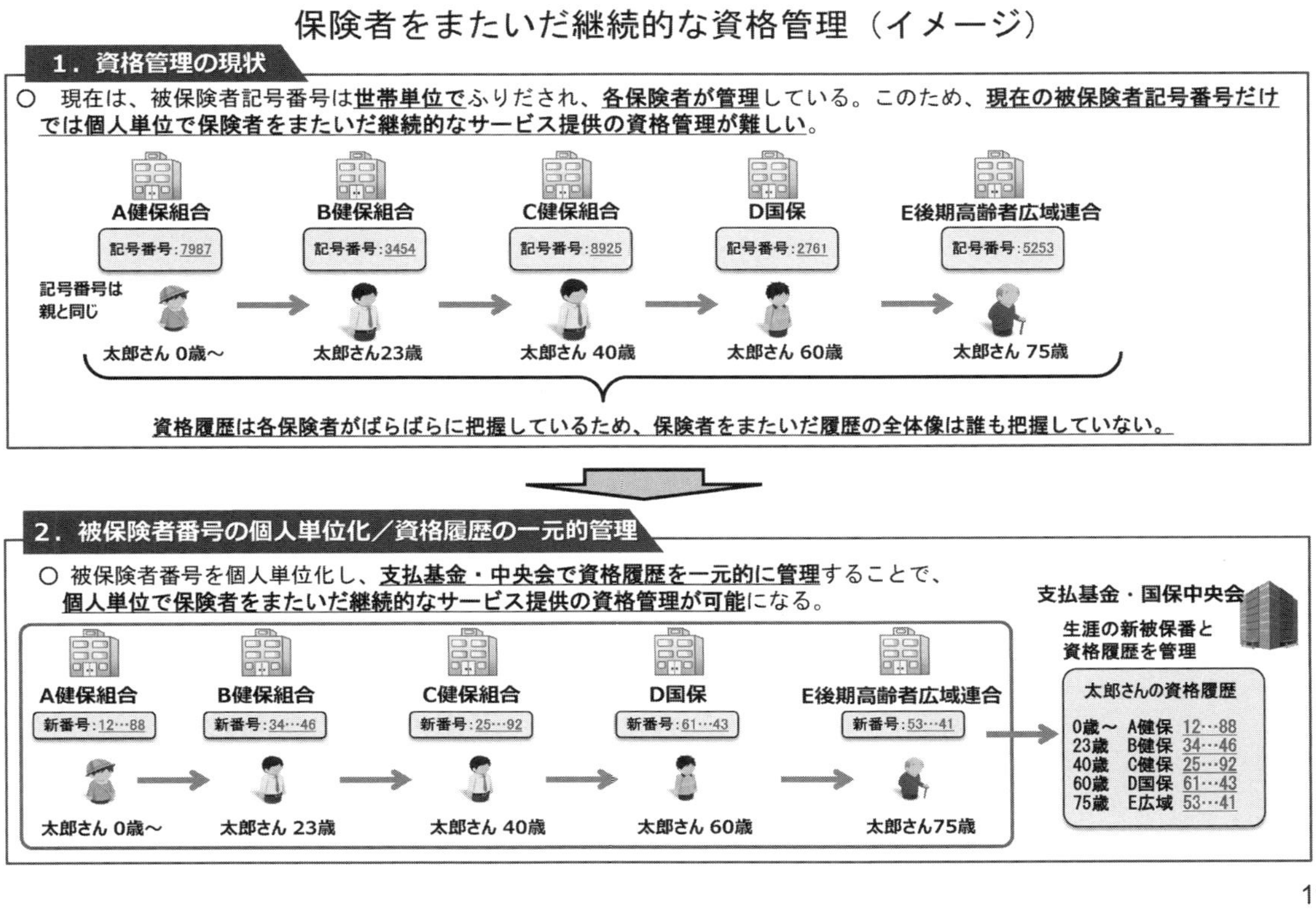
保険者をまたいだ継続的な資格管理（イメージ）
1．資格管理の現状
○　現在は、被保険者記号番号は世帯単位でふりだされ、各保険者が管理している。このため、現在の被保険者記号番号だけでは個人単位で保険者をまたいだ継続的なサービス提供の資格管理が難しい。
A健保組合
記号番号：7987
B健保組合
記号番号：3454
C健保組合
記号番号：8925
D国保
記号番号：2761
E後期高齢者広域連合
記号番号：5253
記号番号は親と同じ
太郎さん 0歳～
太郎さん23歳
太郎さん 40歳
太郎さん 60歳
太郎さん 75歳
資格履歴は各保険者がばらばらに把握しているため、保険者をまたいだ履歴の全体像は誰も把握していない。
2．被保険者番号の個人単位化／資格履歴の一元的管理
○ 被保険者番号を個人単位化し、支払基金・中央会で資格履歴を一元的に管理することで、個人単位で保険者をまたいだ継続的なサービス提供の資格管理が可能になる。
A健保組合
新番号：12…88
B健保組合
新番号：34…46
C健保組合
新番号：25…92
D国保
新番号：61…43
E後期高齢者広域連合
新番号：53…41
太郎さん 0歳～
太郎さん 23歳
太郎さん 40歳
太郎さん 60歳
太郎さん75歳
支払基金・国保中央会
生涯の新被保番と資格履歴を管理
太郎さんの資格履歴
0歳～ A健保 12…88
23歳 B健保 34…46
40歳 C健保 25…92
60歳 D国保 61…43
75歳 E広域 53…41
11

出典：「オンライン資格確認等について　平成30年1月30日」（厚生労働省保険局医療介護連携政策課保険システム高度化推進室）

現在の被保険者番号は、健康保険組合や市役所等においてすでにマイナンバーと紐付けられていますから、医療等分野の識別子は、被保険者番号でもあるので、当然、マイナンバーとつながります。ただし、現在は、加入している健保組合等が変わると、あらためてマイナンバーと紐付けること——転職先の職場にマイナンバーを届け出る等——が必要になります。被保険者番号を履歴管理する必要から、この事務処理にマイナンバー制度のインフラ（情報提供ネットワークシステム等）を活用する考えなのでしょう。

医療等分野の識別子として活用される被保険者番号を履歴管理する、すなわち一人ひとりの病歴や診療、投薬情報など極めて慎重な取り扱いが必要とされる情報を一生涯にわたって収集し、活用するうえでも、マイナンバーが大きな役割を果たすことになるのは間違いありません。

■健康・医療・介護のデータの名寄せと、医療等分野の識別子

政府は、医療等分野の識別子としての被保険者番号履歴をどう活用しようと考えているのでしょうか。「経済財政運営と改革の基本方針２０１９～『令和』新時代：『Society 5.0』への挑戦～（骨太の方針２０１９）」の「医療・介護制度改革」の項には、「医療・福祉サービス改革プランの推進」として、「データヘルス改革を推進し、被保険者番号の個人単位化とオンライン資格確認の導入、『保健医療データプラットフォーム』の２０２０年度の本格運用開始、……」などとありますから、保健医療データプラットフォームとは何なのかを見る必要がありそうです。さて、その前に、「骨太の方針２０１９」の「Society 5.0」とは一体なんでしょう。内閣府によれば「サイバー空間（仮想空間）と

フィジカル空間（現実空間）を高度に融合させたシステムにより、経済発展と社会的課題の解決を両立する、人間中心の社会（Society）」であり、「狩猟社会（Society 1.0）、農耕社会（Society 2.0）、工業社会（Society 3.0）、情報社会（Society 4.0）に続く、新たな社会を指すもので、第5期科学技術基本計画において我が国が目指すべき未来社会の姿として初めて提唱され」たもののことです。読んでも意味がよくわかりませんが、日本だけで使われている用語であり、学術用語でもなんでもないことは確かなようです。

本題に戻ります。まず「医療・福祉サービス改革プラン」ですが、これは厚生労働省が設置した「2040年を展望した社会保障・働き方改革本部」（本部長：厚生労働大臣）が2019年5月29日に決定したもので、「医療・福祉サービス改革による生産性の向上に向けて、2025年までに取り組むべき事項」の一つに「健康寿命の延伸や効果的・効率的な医療・介護サービスの提供を実現するため、データヘルス改革推進本部で策定した2020年度までの工程表に沿って取組を着実に実施する」をあげています[24]。――それにしても厚生労働省が医療や福祉を生産性の向上の文脈で語るとは、ひどい話です。

では、データヘルス改革推進本部とは何かというと、第1回会合（2017年1月12日）の配付資料「データヘルス改革推進本部について」によれば、「膨大な健康・医療・介護のデータを整理し、徹底的に収集・分析して、これからの健康・医療・介護分野のICTの利活用が『供給者目線』から『患者、国民、利用者目線』になるよう、ICTインフラを作り変え（る）」必要があるとの問題意識のもと、レセプトの審査支払機関に眠っている「膨大な健康・医療・介護情報」をビッグデータとして分析しうるプラットフォームの構築や、「自治体、保険者や医療機関などが保有する健康・医療・介護データを有機的に連結し、柔軟性があり、機能する情報システムを整備する必要がある」として、厚生労働大臣を本部長に2017年1月に設置された組織です。同年7月には工程表を策定しており、オンライン資格確認や、保健医療記録共有サービスの実現などに向けた2020年度までのスケジュールが盛り込まれています。

同本部は、2019年9月に「今後のデータヘルス改革の進め方について」を示しています。そこには、2021年度以降に目指すべき未来に向けて、《国民が健康・医療等情報をスマートフォンやパソコンで閲覧し、健康管理や予防等に容易に役立てることが可能になる仕組み》《医療・介護現場において、患者等の過去の医療等情報を適切に確認でき、より質の高いサービス提供が可能になるよう情報利活用》《保健医療に関するビッグデータの利活用、民間企業・研究者による研究の活性化、患者の状態に応じた治療や、科学的に効果が裏付けられた介護サービスの提供等、幅広い主体がメリットを享受しうるデータベースの効果的な利活用》を推進することなどをあげています[25]。

これらを実現するには、健康・医療・介護に関わる膨大なデータを自治体や保険者、医療機関から〝徹底的〟に収集・分析する情報システムが必要不可欠です。「骨太の方針2019」が2020年度の本格運用開始としている保健医療データプラットフォームは、こうした役割を担うのでしょう。そして、「医療等分野の識別子」である被保険者番号履歴はこうしたデータを名寄せするために使われるのです。

■PHRとマイナポータル

２０２０年7月17日に閣議決定された「骨太の方針２０２０」には「関係府省庁は、ＰＨＲの拡充を図るため、２０２1年に必要な法制上の対応を行い、２０２２年を目途に、マイナンバーカードを活用して、生まれてから職場等、生涯にわたる健康データを一覧性をもって提供できるよう取り組むとともに、当該データの医療・介護研究等への活用の在り方について検討する」（傍線は筆者）とあります。国民等の健康・医療・介護の情報を名寄せし、活用すること——製薬などの民間企業へも研究名目でデータを提供することも含め——を政府はこれまでの方針等よりも、より明確に示しました。

ところでＰＨＲとは何でしょう。データヘルス改革推進本部はＰＨＲ（Personal Health Record）を「個人の健康診断結果や服薬履歴等の健康・医療等情報を、電子記録として、本人や家族が正確に把握するための仕組み」と定義し、未来投資戦略２０１８は「個人の健康状態や服薬履歴等を本人や家族が把握、日常生活改善や健康増進につなげるための仕組み」としています。

では、健康・医療等情報は、本人や家族にどのようにして提供されるのでしょうか。「骨太の方針２０１９」には、「レセプトに基づく薬剤情報や特定健診情報といった患者の保健医療情報を、患者本人や全国の医療機関等で確認できる仕組みに関し、特定健診情報は２０２1年3月を目途に、薬剤情報については２０２1年10月を目途に稼働させる」とともに、「生まれてから学校、職場など生涯にわたる健診・検診情報の予防等への分析・活用を進めるため、マイナポータルを活用するＰＨＲとの関係も含めて対応を整理し、健診・検診情報を２０２２年度を目途に標準化された形でデジタル化し蓄積する方策をも含め、2020年夏までに工程化する」とありますから、健康・医療等情報はマイナポータルで提供されるようです。ですから「骨太の方針2020」の「マイナンバーカードを活用して……健康データを……提供できるよう取り組む」は、マイナンバーカードを使ってマイナポータルにアクセスし、見るという意味でしょう。

■自助努力を促す仕組みとしてのPHR

こうした健康・医療等情報のマイナポータルでの閲覧も、個人単位化され履歴管理された被保険者番号と健康や医療などの情報が紐付けられることによって本格的に実現します（図8）。そして、この仕組みは国民等一人ひとりに「日常生活改善や健康増進」という名の自助努力を促す装置として機能することにもなります。麻生太郎氏が2008年11月の経済財政諮問会議で言った「努力して健康を保った人へのインセンティブ」や、2016年10月に小泉進次郎氏が提言した「健康ゴールド免許」を具体化するための仕組みです。マイナポータルの画面に「現在の状態のままだと、あなたの『健康点数』は減点され健康保険料が30％あがります。ただちに健康診断を受け、医師の指導に従って生活を改善してください。がんばって『健康点数』を100点アップすることができれば、健康保険料が10％割引されます」といった文言が表示される日が来るかも知れません。

山本龍彦・慶応大学教授は、マイナポータルでの医療・健康情報の提供について、次のように問題点を指摘しています。「政府は、財政上の観点から、医療費の抑制に強いインセンティブをもつから、医療や健康に関する個人の決定をかかる方向へと誘導すべく」、「個人の行動記録を網羅的に把

図8

薬剤情報、医療費情報、特定健診データのマイナポータル等での閲覧の仕組み

【導入により何が変わるのか】
○　患者本人や医療機関等において、特定健診データや薬剤情報等の経年データの閲覧が可能。
⇒　加入者の予防・健康づくりや重複投薬の削減等が期待できる。

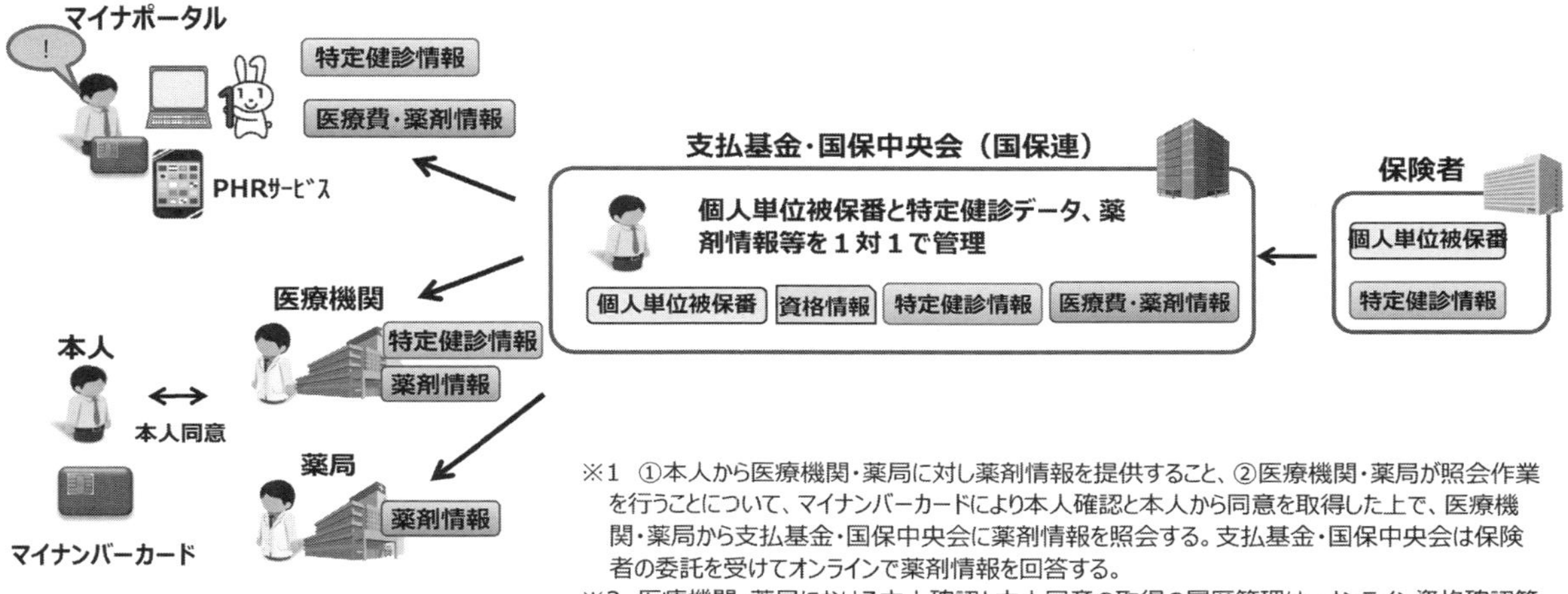

※1　①本人から医療機関・薬局に対し薬剤情報を提供すること、②医療機関・薬局が照会作業を行うことについて、マイナンバーカードにより本人確認と本人から同意を取得した上で、医療機関・薬局から支払基金・国保中央会に薬剤情報を照会する。支払基金・国保中央会は保険者の委託を受けてオンラインで薬剤情報を回答する。
※2　医療機関・薬局における本人確認と本人同意の取得の履歴管理は、オンライン資格確認等システムにより、マイナンバーカードの電子証明書を用いて行う。

出典：「マイナポータルで実現されるサービス　令和2年3月」（内閣府大臣官房番号制度担当室）

握して、その者の健康上のリスクを細かく予測し、そのリスクを減らすような方向に仕向ける」ため「積極的に選択環境を調律（マイナポータルに表示される情報を調整：引用者）すること」も考えられるとし、「政府によって私たちの『身体』が完全に管理」される……『超』健康管理社会の良し悪しについては、マイナポータルが本格的に始動する前の『いま』考えておくべきである」としています。

厚生労働省の前身である厚生省が誕生したのは日中戦争が始まった翌年の1938年です。藤野豊・敬和学園大学教授は、厚生省設置の最も重要な目的は「国民体力の国家管理」であり、「体力局が厚生省のなかでもっとも重要な部局」だったと指摘します。また、米本昌平・東京大学客員教授は、ヒトラーが「人間の国有化（Sozialisierung der Menschen）」を目標としていたナチス社会は「超医療管理国家」であり、そこでは「病気にかかることは、同胞社会に負担をかけることであり、健康であることが義務」となっていたとしています[26]。麻生氏などが唱える病気は自己責任とする論や、新型コロナウイルスに感染した者へのバッシングは、こうした「義務」と通底するものではないでしょうか。

■医療機関も医療・健康情報を閲覧可能に

医療・健康情報を履歴も含め見ることができるのは、マイナポータルを利用する私たちだけではありません。データヘルス改革推進本部は「医療・介護現場において、患者等の過去の医療等情報を適切に確認、より質の高いサービス提供が可能に」としています。**図8**でも医療機関や薬局に特定健診情報や薬剤情報が本人同意のもと提供されるとなっています。「骨太の方針2020」の「マイナンバーカードを活用して……健康データを……提供できるよう取り組む」は、本人から同意を得る際にマイナンバーカードの公的個人認証の電子証明書を本人確認に使うという意味でもあるようです。

こうしたシステムの登場は、より適切な治療や投薬を受けるためには、頭から否定すべきことではありません。うまく使えば、命と健康を守ることにも大いに役立つはずです。しかし、政府の動機はそんなところにはなく、あくまでも社会保障費や医療費の削減にあること、公的責任を放棄したまま自助努力を促すとともに、人々を「真に支援が必要な者」と「本当は必要のない者」に選別するためのプロファイリングの実現を目指していることに注意を払うべきでしょう。

これらの施策の実現に向け、２０２０年度厚生労働省予算には、医療等分野の識別子の導入に向けたシステム開発の経費として3億９０００万円、保健医療情報を医療機関等で確認できる仕組みの推進として14億円、データヘルス分析関連サービスの構築に向けた整備として7億１０００万円が計上されています。

24 厚生労働省「今後のデータヘルス改革の進め方について（概要）」２０１９年9月9日。
25 データヘルス改革推進本部第6回会合（２０１９年9月9日）での配布資料「今後のデータヘルス改革の進め方について」。
26 山本龍彦『おそろしいビッグデータ』朝日新書、藤野豊『強制された健康　日本ファシズム下の生命と身体』吉川弘文館、米本昇平『遺伝管理社会　ナチスと近未来』弘文堂。

3　自治体戦略2040とマイナンバー

■市区町村のシステムの共通化・標準化とマイナンバー

総務省が2017年10月に設置した「自治体戦略2040構想研究会」（以下「2040研究会」）――少子化と急激な人口減少により高齢者人口がピークを迎える2040年をターゲットに自治体行政のあり方を検討する――が、2018年7月に示した第二次報告（以下、「第二次報告」）は、人口縮減時代のパラダイムへの転換が必要として「自治体の経営資源が制約される中、法令に基づく公共サービスを的確に実施するため」には、AIなどの「破壊的技術（Disruptive Technologies）」を「積極的に活用して、自動化・省力化を図り、より少ない職員で効率的に事務を処理する体制の構築が欠かせない」としています。ここで想定されている「より少ない職員で」は、自治体の職員数を従来の半分にするという意味です[27]。こうした半分の職員で、経営資源も制約されるもとで、事務処理を行うには、「共通の情報システムを活用して低廉化を図る」ことが必要だとしています。

共通の情報システムの活用にあたって、単に使えと言っただけでは自治体が従わない恐れがあると2040研究会は考えているようです。第二次報告には「標準化・共通化を進めるためには、法律の根拠などにより拘束力を持たせなければ、実効性の確保ができないのではないか」との文言が入れられています。研究会にとって、効率化、低廉化が2040年に向けた最優先事項であり、地方自治など全く眼中にはないのでしょう。

ところで、マイナンバーを使った情報連携では、市区町村は他の行政機関等から情報提供の求めがあった際に、自らが保有・管理するサーバーから直接、情報を提供しているのではありません。市区町村は情報連携による提供の対象となる「マイナンバーをその内容に含む特定個人情報」の写しを中間サーバーに、あらかじめ副本として提供しています（**図9**）。中間サーバーはJ-LISが管理運営するもので全国に2カ所設置されており、総務省が定めたデータ標準レイアウト――情報提供ネットワークシステムを介してデータのやりとりをするために、データの型や桁数などの形式を一定にそろえるために定められた仕様――にしたがって、全ての市区町村の住民の特定個人情報が保存されています。特定個人情報は、この副本から他の行政機関等に、情報提供ネットワークシステムを使って提供されます。

第二次報告は、「情報連携の対象となる情報については、全ての市区町村で同じレイアウト（データ標準レイアウト）を使用して副本データを作成して」いるので、この副本データを「システム共通化の基盤」として活用できるとしています（**図10**）。中間サーバーに記録されている個人情報は、マイナンバーを使った名寄せを実現するためにマイナンバーと紐付けられていますから、共通化されたシステムにおける事務処理にはマイナンバーが使われることになるのは間違いないでしょう。

■効率性の前には地方自治など不要、邪魔

総務省は、第二次報告を受けた2カ月後の2018年9月に、自治体の情報システムを「標準化や業務プロセス見直しにより、職員負担が軽減され、住民や企業の利便性向上にもつながることが考

図9

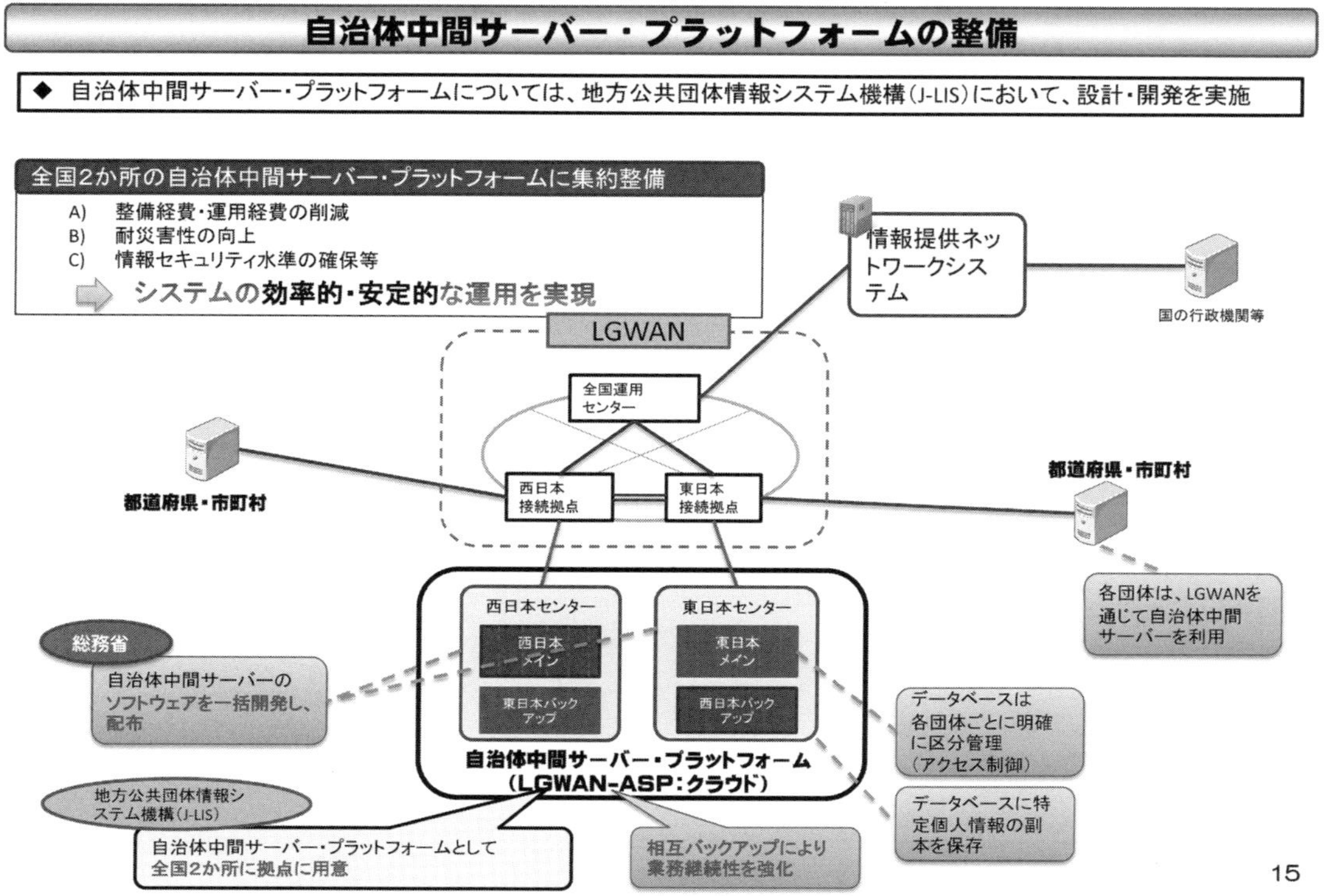

自治体中間サーバー・プラットフォームの整備
◆ 自治体中間サーバー・プラットフォームについては、地方公共団体情報システム機構(J-LIS)において、設計・開発を実施
全国2か所の自治体中間サーバー・プラットフォームに集約整備
A) 整備経費・運用経費の削減
B) 耐災害性の向上
C) 情報セキュリティ水準の確保等
システムの効率的・安定的な運用を実現
情報提供ネットワークシステム
国の行政機関等
LGWAN
全国運用センター
都道府県・市町村
西日本接続拠点
東日本接続拠点
都道府県・市町村
各団体は、LGWANを通じて自治体中間サーバーを利用
西日本センター
西日本メイン
東日本バックアップ
東日本センター
東日本メイン
西日本バックアップ
総務省
自治体中間サーバーのソフトウェアを一括開発し、配布
データベースは各団体ごとに明確に区分管理(アクセス制御)
自治体中間サーバー・プラットフォーム
(LGWAN-ASP:クラウド)
地方公共団体情報システム機構(J-LIS)
自治体中間サーバー・プラットフォームとして全国2か所に拠点に用意
相互バックアップにより業務継続性を強化
データベースに特定個人情報の副本を保存
15

出典：「マイナンバー制度における情報連携について　平成28年5月」(総務省個人番号企画室)

図10

○　マイナンバー制度による情報連携の開始後は、情報連携の対象となる情報については、全ての市区町村で同じレイアウト（データ標準レイアウト）を使用して副本データを作成している。このため、共通のデータ形式が既に存在しており、これからのシステム共通化の基礎となり得る。

データ標準レイアウトによる標準化（イメージ）

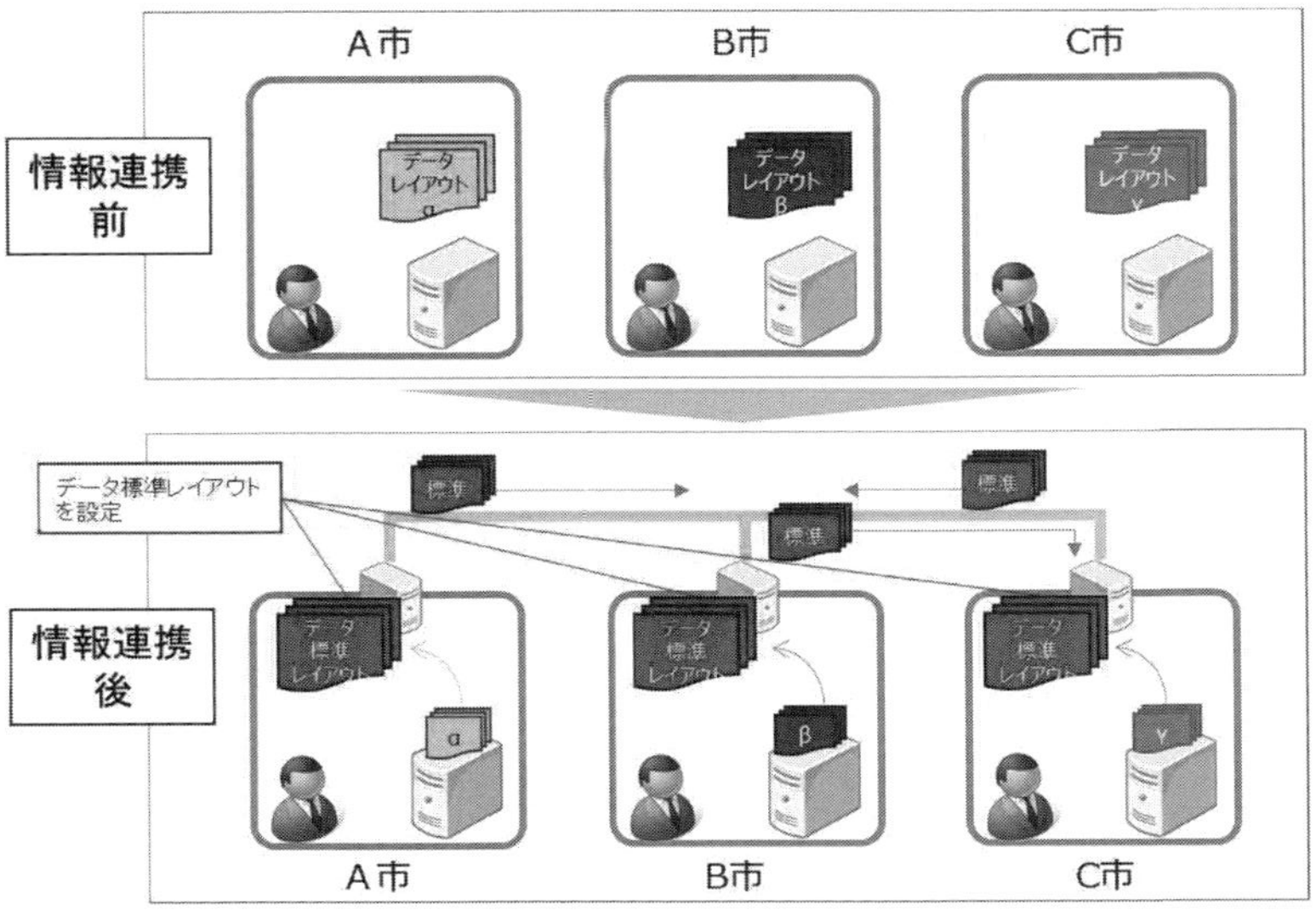

出典：「自治体戦略2040構想研究会　第二次報告」

えられる」として、「地方自治体における業務プロセス・システムの標準化及びＡＩ・ロボティクスの活用に関する研究会」（以下、「スマート自治体研究会」）を有識者や自治体関係者を集め発足させました。スマート自治体研究会は、数度の会合を経て２０１９年5月に「『Society 5.0時代の地方』を実現するスマート自治体への転換」と題した報告書をまとめています。報告書によれば、スマート自治体とは「システムやＡＩ等の技術を駆使して、効果的・効率的に行政サービスを提供する自治体」だそうです。

スマート自治体研究会の報告書は、「業務プロセス・システムの標準化・共同化については、各行政分野において、複数のベンダ（ハードウェアやソフトウェアの販売企業のこと：引用者）が全国的なサービスとしてシステムのアプリケーションを提供し、各自治体が原則としてカスタマイズせずに利用するとともに、各社のパッケージは、便利機能・過誤防止等の現場ニーズに由来する機能を中心に、細かい粒度で標準化」すべきであるとしています。

カスタマイズは不要とスマート自治体研究会は言い切りますが、ではなぜ自治体は、これまでカスタマイズを続けてきたのでしょうか。公益財団法人地方自治総合研究所の今井照・主任研究員は、その理由を「一人ひとりの住民や地域に行政サービスを総合化して提供しなければならないから」だとし、「制度があって行政があるのではなく、個々の住民がいて、その住民に合わせて制度を組み合わせるため」だと指摘します[28]。しかしながら、２０４０研究会もスマート自治体研究会も、効率化の前には、住民の暮しや地域の特性に応じた自治体職員の工夫など無用だ、コンピューターを業務に合わせるのではなく、業務をコンピューターに合わせろ、すなわち住民の暮しも政府の示す標準に合わせろという考えのようです。報告書通りに進めば、自治体に残される自由は、どのベンダから アプリケーションを買うかだけになってしまいます。もっとも、どのベンダから買ったところで、標準化されているのですから中身に大きな違いはないでしょう。

スマート自治体研究会報告書の「終わりに」には、さらに驚くべき文言があります。「ベンダにおいては、自治体からのカスタマイズ要求があっても、安易に従うのでなく、本報告書も活用しながら、毅然として対応すべきである。それは一見、顧客サービスを落とすようにも見えるが、結果的には自治体のためにもなる」と。この物言いには心底呆れてしまいます。自治体も職員も民間企業より劣ったもの、より優れている民間企業の言に黙って従えというのです。それほど標準化や共同化が大事なら、そして民間企業の方が優秀なら、いっそ自治体など廃止し、地方行政の主体をただ一つにして、ベンダに丸投げした方がよほど〝効率的〟でしょう。

なお、こうした類いの報告書には自治の担い手である住民の姿はありません。スマート自治体研究会の報告書の「終わりに」には「スマート自治体の実現は、自治体、企業、関係府省を含めた関係者が連携することで初めて実現するものである」とありますが、そこには住民という言葉はありません。報告書では徹頭徹尾、住民はサービスの受け手としてのみ語られています。想定されているのは、より良いサービスが落ちて来るのをただひたすら口を開けて待っている人たちです。住民自治をより「スマート（賢く）」に実現するという考えはありません。

■新型コロナ対策での経験を踏まえ、国主導の標準化を

２０２０年６月23日、「今般の新型コロナウイルス感染症対策の経験を踏まえ、緊急時の迅速・確実な給付の実現など、マイナンバー制度及び国と地方のデジタル基盤の抜本的な改善を図るため」として、「マイナンバー制度及び国と地方のデジタル基盤抜本改善ワーキンググループ」（以下、「デジタル基盤ＷＧ」）が、デジタル・ガバメント閣僚会議のもとに設置されました。構成員は大学教授や研究者などの有識者と内閣官房、総務省、金融庁、文部科学省、厚生労働省の官僚で、内閣官房が事務を務めています。検討課題として、マイナンバーカードの利便性の抜本的向上、マイナンバーカードの取得促進、マイナンバー制度の利活用範囲の拡大とともに、国と地方を通じたデジタル基盤の構築（情報システムの統一・標準化、クラウド活用の促進等）をあげています。２０４０研究会の第二次報告やスマート自治体研究会報告書を受けて、「情報システムの統一・標準化」の検討を進めることも彼らの仕事です。

６月23日の第１回会合の配付資料「マイナンバーカードの普及利活用の取組及びシステム標準化について」には、「地方自治体が法令に基づく業務に係るシステムについて、各自治体がそれぞれ開発して所有するのではなく、国が主導して策定した標準仕様に基づくシステムを利用することで、①広域クラウドの推進、②自治体の調達コストの低減、③ＡＩ等の先進技術の導入促進を進め、住民サービスの向上及び行政の効率化を図る」、「標準仕様により、カスタマイズを抑制」、「新規の事務についてはは国が標準仕様に合わせたシステムを構築することも考えられる」とあります。標準仕様の策定に自治体を関与させず、国が主導し構築したシステムを一方的に押しつけようという考えです。

憲法92条の「地方自治」など存在しないかの物言いですが、国は一体いつからそんなに偉くなったのでしょう。

標準化すべきシステムとして同資料があげているのは、住民基本台帳、選挙人名簿管理、固定資産税、個人住民税、法人住民税、軽自動車税、国民健康保険、国民年金、障害者福祉、後期高齢者医療、介護保険、児童手当、生活保護、健康管理、就学、児童扶養手当、子ども子育て支援の17業務です。これらは市区町村が住民に向けて行っている権利、義務に関する業務そのものであり、ほとんど全てです。これらが標準化された後には、一体何が「独自のもの」として残るのでしょう。

■デジタル基盤にあわせて国と地方の役割分担の見直しを

6月30日の第2回会合では、「年内に、新たな工程表を策定し、できるものから実行に移していく」課題を列挙した「マイナンバー制度及び国と地方のデジタル基盤の抜本的な改善に向けて―課題の整理―」（以下、「課題の整理」）が配付されています。資料の「国と地方を通じたデジタル基盤の構築」の項には、「マイナンバー関連システム（マイナンバー管理システム、マイナポータル等）、住基ネット、自治体システム群の政府関係システムを含めたトータルデザイン」や「自治体の業務システムの統一・標準化の加速策」、「マイナンバーカードを活用した自治体と住民による情報の相互活用（健康情報、電力使用量等）」などとともに、「国と地方の申請受付システム等の一元化や国と地方の役割分担の見直しの検討」も課題として入れられています。

２０４０研究会の第二次報告は、業務に合わせてコンピューターを使うのは無駄、業務をコンピューターに合わせろという考えだと指摘しましたが、デジタル基盤WGも同じ考えです。「国と地方を通じたデジタル基盤」を国と地方の役割分担に応じて構築するのではなく、「国と地方を通じたデジタル基盤」の構築にあわせて国と地方の役割分担を変えろと彼らは主張しているのです。甚だしい本末転倒です。そもそも「国と地方の役割分担」まで議論を進める権限や見識——有識者の中には行政学者は一人もいない——が彼らにはあるのでしょうか。

こうした資料を作成しているのは、おそらくデジタル基盤WGの事務を担っている内閣官房でしょう。給付が迅速・確実に行われなかったことなど、新型コロナウイルス感染症対策に様々な問題が生じているのは、てんでばらばらのシステムを使っている自治体の責任だ、国が策定する標準仕様のシステムを使えば解決するとでも考えているのでしょうか。官僚にこうした文章を書かせた閣僚も含め、彼らの目には地方自治は効率化を妨げる邪魔な存在としてのみ映っているようです。

大事なのは、政府のこうした思わく、狙いを正しく理解することです。マイナンバー制度と国と地方を通じたデジタル基盤の構築は切り離せないものとして議論が進められ、地方自治の形骸化の促進にも、マイナンバー制度が貢献することが大いに期待されているのです。

■地方制度調査会とマイナンバー

デジタル基盤WGに「国と地方の役割分担」まで議論を進める権限や見識があるのかと先に述べましたが、内閣総理大臣から諮問を受け地方制度について議論をする組織としては、地方制度調査会設置法に基づき地方制度調査会が設けられています。第32次地方制度調査会は、2020年6月26

日に安倍首相に対して「2040年頃から逆算し顕在化する諸課題に対応するために必要な地方行政体制のあり方等に関する答申」を行っています。

答申は「マイナンバーは、法律上の事務に加え、地方公共団体が条例で定める事務でも利用が可能であり、地方公共団体の創意工夫により住民の利便性向上や事務の効率化を図ることができ」、「また、マイナンバーカードのICチップに搭載された公的個人認証の電子証明書によりインターネット等によるオンライン手続や取引において安全・確実な本人確認が可能である」と評価したうえで、「(その)活用とマイナンバーカードの機能発揮を通じた更なる普及を図り、国と地方公共団体が協力して行政手続のデジタル化を推進すべきである」と絶賛しています。

一方、システムの標準化については、「地方公共団体の事務処理は、画一性よりも自立性や多様性をより尊重し、地域の実情に応じた行政サービスの提供が進められている。このことは、行政の即応性、柔軟性、総合性を増し、住民の期待に応えるとともに、国・地方を通じた行政全体のあり方を再構築し、行政全体の簡素効率化を進めることにつながる。また、サービスの内容だけでなく、それを提供するための業務プロセスや組織のあり方についても、地方公共団体の判断が尊重されている」と地方自治を尊重するかの態度を示した後、「法令でほとんどの事務が定められており、観光、産業等の分野と比べて創意工夫の余地が小さいと言える」と180度方向を転じ、住民基本台帳、税務等の分野における基幹系システムについては「法令に根拠を持つ標準を設け、各事業者は当該標準に則ったシステムを開発して全国的に利用可能な形で提供することとし、地方公共団体は原則としてこれらの標準準拠システムのいずれかを利用することとすべきである」と、第二次報告を踏襲しています。残念ながら地方制度調査会も、２０４０研究会やデジタル基盤ＷＧと同じく、国が標準を決めるので、自治体は四の五の言わずに黙って使えという考えのようです。

２０２０年7月17日には「骨太の方針２０２０」が閣議決定されましたが、そこには地方制度調査会の答申を踏まえ、標準化を早急に推進するため「法制上の措置を講じた上で、財源面を含め国が主導的な支援を行う」と書かれています。「法制上の措置」は、第二次報告の「標準化・共通化を進めるためには、法律の根拠などにより拘束力を持たせなければ、実効性の確保ができない」を受けたものでしょう。国主導による支援という名の強制によって、地方自治は形骸化されることになります。

因みに全国町村会は、２０２０年4月23日の地方制度調査会専門小委員会に提出した意見書において、「大都市と人口数百人の村が同じシステムを運用することには無理」があるとし、「小規模町村にとって需要が少ない事務は、費用対効果の面から、職員が作業した方が効果が高い場合もある」「都市部の団体と同じ仕様のシステムを力関係で強いられることになれば、小規模町村には不要な項目や必ずしも必要ない項目が盛り込まれることも想定され、コストが高くなる恐れがある」などと問題点を指摘しています。

なお、地方制度調査会の答申は標準化におけるマイナンバー制度の役割について言及していません。しかし、「(マイナンバーの)活用とマイナンバーカードの機能発揮を通じた更なる普及を図り、国と地方公共団体が協力して行政手続のデジタル化を推進すべきである」としていることから、標準化においてマイナンバー制度が欠かせない、大きな役割を果たすと考えているのは間違いないでしょう。繰り返しになりますが、「マイナンバー漏れたら怖い」などと言っているだけではもはや済まされないのです。地方自治のあり方、日本のあり方そのものが問われているのです。

■自治体におけるAI活用とマイナンバー

スマート自治体研究会の報告書は、自治体でのＡＩの積極的活用を促すとともに、活用事例などを紹介しています。例えば「過去の特定健診受診者の問診結果、受診履歴、通院歴等及び平成30年度対象者のデータを用いて、ＡＩによる統計解析を行い、勧奨通知を最も効果的に送る、且つ分類分けにより最も効果的なメッセージを届ける」（沖縄県那覇市）、「高齢者の自立支援やケアマネジャーの業務負担の軽減を図るため、ＡＩを活用し、ケアプランの作成を支援する。ＡＩに認定調査項目や主治医意見書の項目を入力することにより、ケアプランを実施した場合の将来予測と共に推奨するケアプランを提案する」（愛知県豊橋市）、「保育所の利用調整にあたり、申請者の優先順位や兄弟同時入所希望などの市の割当てルールを学習したＡＩが組合せを点数化。得点の高い組合せを瞬時に導出することにより、自治体職員の保育所利用調整業務を省力化（延べ約１５００時間↓数秒）。入所申請者への決定通知を早期発信」（埼玉県さいたま市）などです。これらは実証実験の段階ですが、「勧奨通知を最も効果的に送る」ことや、「ケアプランを実施した場合の将来予測」、「市の割当てルールを学習したＡＩが組合せを点数化」は、対象者のプロファイリング――まだ初歩的なもののようですが――をもとに行われています。

一般に、ＡＩを活用するには事前に「機械学習」をさせる必要があります。機械学習は「入力されたデータからコンピューターがパターンやルールを発見し、そのパターンやルールを新たなデータに当てはめることで、その新たなデータに関する識別や予測等を可能とする手法」です[29]。スマート自治体研究会の報告書は、「ＡＩは、学習データの蓄積が大きな価値を生む。そのため、ＡＩのうち、学習データが増えることで質の向上が期待できたり、割り勘効果が見込めたりするものについては、自治体での共同利用を目指すべきであり、そうしたＡＩの可能性を最大限発揮するためには、単に数自治体で共同利用するという程度に止まらず、全国の自治体が学習データを提供し、長年の経験や暗黙知をＡＩに蓄積してより良い行政を行うという姿が望ましい」としています。

では、全国の自治体が提供する学習用のデータ——整理され、履歴を含む、良質の——はどこからやって来るのでしょうか。マイナンバーによる情報連携を図るために、全国の市区町村から集められた１億２７００万人分の個人情報が副本として記録されている中間サーバーを活用するのが最も〝合理的〟ではないでしょうか。第二次報告は、副本データがシステム共通化の基盤となり得るとしていますから、副本のデータが機械学習に活用される日が来ると見て間違いないでしょう。

このようにマイナンバーは自治体におけるＡＩの活用にも使われようとしています。しかし、果たして国民等はマイナンバーが、そして自分たちの個人情報が、このような形で活用される可能性があることを理解し、同意を与えているのでしょうか。マイナンバー制度は、国民等に知られることなく、あらぬ方向へと広がり続けているのです。

■ＡＩの限界性を理解する

ＡＩは決して万能ではありません。例えば「保育」の意味や概念を理解することはできませんし、人間のような価値観を持つこともありません[30]。入所判定のために、何を優先し、何をより高く評価するのかといった基準やルールを自ら作り出すことはなく、結果への責任を負うこともありません。あくまでも使用者――この場合は行政――があらかじめ設けた基準やルール、学習データとして与えられた過去の事例や前例に従って、対象を統計処理しているだけです。正義感溢れるアトムでも、のび太を思いやるドラえもんでもないのです。黒田兼一・明治大学名誉教授は「ＡＩ自身が『事の善悪』や『社会に役立つ』とは何か、市民に寄り添って判断することはできない」、「何が必要なのか、何が大切なのか、この判断ができるのは人間なのであり、その基準をだれが決めるのか」が鋭く問われているとしています[31]。

一方、ＡＩによる判断は人の価値観や先入観に左右されることなく公正中立で正しいと人々が容易に過信してしまう危険性や、ＡＩがブラックボックス化し、なぜＡＩがそう判断したのかを誰も説明することができなくなる恐れもあります[32]。今日、自動販売機や自動改札がエラーを起こした際に、まず疑われるのは利用者の方です。ＡＩの判断に盲目的に従ってしまう可能性は捨てきれません。

ならば、自治体業務へのＡＩの導入は全否定すべきものでしょうか。岡田知弘・京都大学名誉教授は「公共サービスにおいて、ＡＩ・デジタル化が補助手段として適用できるところもあれば、人間が中心に担うべき基幹的な仕事も当然存在している。個人情報の保護を含む住民の利益を最優先し、自治体職員のなかでの議論を踏まえ、国のトップダウンではなく自治体の団体自治を尊重した情報化が求められている」としています[33]。また、黒田兼一名誉教授は「ＡＩ等の技術は、職員数の削減ではなく、現状の過酷な労働実態の解消と、それを通じた職員と市民の『対話』と繋がりの強化にこそ使われるべき」だと指摘します[34]。ＡＩの導入は、国やＩＴ企業の言い分を鵜呑みにすることなく、その限界性や特性を理解したうえで、住民の暮しや地域の実情に合わせて慎重に行うべきでしょう。

27　２０４０研究会が想定している２０４０年の人口は、１億１０９２万人です。２０２０年７月１日の推計人口は１億２５９６万人ですから、減少率は12％ほどです。にもかかわらず地方公務員を半分にするというのは一体全体どういう理屈なのでしょう。

28　今井照『２０４０年　自治体の未来はこう変わる！』学陽書房。

29　「情報通信白書　令和元年版」の第１部「特集　進化するデジタル経済とその先にあるSociety 5.0」第３節「ＩＣＴの新たな潮流」（１）ＡＩに関する基本的な仕組み。

30　ＡＩの限界性については、西垣通『ビッグデータと人工知能　可能性と罠を見極める』中公新書、西垣通・河島茂生『ＡＩ倫理　人工知能は「責任」をとれるのか』中公新書ラクレが参考になります。

31　黒田兼一「ＡＩの進展と公務労働」『住民と自治』２０１９年４月号所収。

32　ブラックボックス化については、山本龍彦『ＡＩと憲法』２０１８、日本経済新聞出版社を参照してください。

33　白藤博行・岡田知弘・平岡和久『「自治体戦略２０４０構想」と地方自治』自治体研究社。

34　黒田兼一・小越洋之助編『働き方改革と自治体職員―人事評価、ワーク・ライフ・バランス、非正規職員、ＡＩ・ロボティクス』自治体研究社。

第5章

マイナンバーカード これからどうなる

1　マイナンバーカードの普及へあの手この手

■マイナンバー利活用方針

デジタル・ガバメント閣僚会議は2019年6月4日にマイナンバー利活用方針を決定しました。方針は「安全・安心で利便性の高いデジタル社会の基盤であるマイナンバーカードの普及とその利便性の向上等を図るとともに、社会保障の公平性の実現、行政の利便性向上・運用効率化等に向け、マイナンバーの利活用の促進を図る」としています。特にマイナンバーカードについては、

・2020年度に実施する自治体ポイントによる消費活性化策について、利便性が高く、将来のポイント利用の拡張性も担保したシステム基盤を目指し、マイナンバーカードの普及につなげる。

・2021年3月からは、マイナンバーカードの健康保険証利用の仕組みを本格運用する。国家公務員や地方公務員等によるマイナンバーカードの率先した取得を促すとともに、各保険者による取得促進策の速やかな具体化を推進する。

・市区町村毎のマイナンバーカードの交付円滑化計画の策定の推進と定期的なフォローアップを行うとともに、必要な支援を行う。

・マイナンバーカードの利便性の向上や安全性の理解促進に向けた積極的な広報をあらゆる媒

体を通じて継続的に展開する。
・マイナンバーカードの教員免許管理等への活用など、マイナンバーカードの利便性の向上と活用シーンの拡大を推進する。
・各府省は、本方針を踏まえ、マイナンバーカードの普及を強力に推進するとともに、各業所管官庁から関係業界団体等に対してマイナンバーカードの積極的な取得と利活用の促進を呼びかける。

などとしています。

自治体ポイントによる消費活性化策、マイナンバーカードの健康保険証利用、マイナンバーカードの教員免許管理等への活用については、後段で詳しく述べます。また、マイナンバーカードの安全性の理解促進については、第3章ですでに述べましたので、ここでは「マイナンバーカードの円滑な取得・更新の推進等」について見てみます。

■交付円滑化計画策定の要請と補助金交付

マイナンバー利活用方針が、マイナンバーカードの円滑な取得・更新の推進等に向けてあげている施策は、交付円滑化計画の策定・推進等、全業所管官庁等を通じた計画的な取組と定期的なフォローアップ、マイナンバーカード申請・交付機会の拡大等、住民票作成時のマイナンバーカード申請手続整備、取得申請事務の簡素化等、電子証明書等の更新への対応の6点です。

交付円滑化計画の策定・推進等として、日常生活において多様な申請機会を設け、できる限り申請しやすい環境作りを図っていくために、全ての市区町村に交付円滑化計画の策定を求めています。デジタル・ガバメント閣僚会議（2019年9月3日）は、方針の具体化を図るため交付円滑化計画に交付枚数の想定、交付体制の整備、申請受付等の推進、補助金の交付対象経費の見込額などを盛り込むよう市区町村に要請する一方、総務省は交付円滑化計画を市区町村に遂行させるための裏付けとして、マイナンバーカードの申請受付・発行体制等の整備や、交付体制の強化の推進を目的に、交付事業費補助金として755億6000万円、交付事務費補助金として609億9000万円を2020年度予算にそれぞれ計上しています。デジタル・ガバメント閣僚会議（2020年6月5日）での配付資料によれば、交付円滑化計画は全ての市区町村で策定が終わっています。

マイナンバーカード申請・交付機会の拡大については、市区町村による企業等への出張申請サービスの積極的展開とあわせて、ハローワークや税務署、運転免許センター、病院、介護施設、学校、郵便局、地方出入国在留管理局、さらには在外公館でも交付申請を受け付けるなどとしています。

総務省のウェブサイトには「マイナンバーカード取得促進のための先進事例集」が1から4まで掲載されています。「その4」は同自治行政局住民制度課が2020年2月18日付けで公表したもので、市区町村の職員による出張申請が紹介されています。出張申請は、受け入れ先との事前打ち合わせや、周辺への広報などを行ったうえで、顔写真撮影用の機材や、オンライン申請用のパソコンなどを持参して行われます。以下、事例の中から、いくつか拾ってみました（人数は申請者数）。

北海道登別市	郵便局で１日実施、11人
福島県福島市	警察署・警察学校など7カ所で実施、延べ15日間で６４７人
茨城県つくば市	筑波大学で学生を対象に実施、２日間で48人
神奈川県相模原市	夏休み期間中の図書館及び博物館で計3回実施、37人
静岡県富士市	教諭・事務職員等を対象に小中学校（市内43校中の37校）で実施、８１０人
石川県加賀市	大型スーパーで実施、２日間で１４７人（従業員33人を含む）
愛知県小牧市	市民病院で実施、４日間で43人
愛知県田原市	市民まつりで実施、５時間半で１３２人
奈良県橿原市	自治会からの依頼により自治会館で１日実施、45人
兵庫県神戸市	５カ所の商業施設で土日に実施、延べ10日間で４４３９人
高知県東洋町	社会福祉協議会でデイサービス利用者を対象に実施、４日間で45人
熊本県熊本市	自衛隊からの相談を受け、陸上自衛隊各駐屯地・分屯地の４カ所で実施、５４８人（一般市民も含む）
長崎県五島市	高等学校（３校）で希望する3年生（高校を通じて保護者の同意を求める）と教員を対象に実施、延べ4回で１０２人
宮崎県都城市	大学と携帯ショップで１日実施、それぞれ14人と25人

事例から総じて言えることは、富士市や熊本市のような職場で実施したものや、神戸市の商業施設を除けば[35]、受付件数は市区町村がかけた労力の割にはそれ程多くないと見られることです。政府は、取得を増やすには申請の機会を増やせば良いと考えています。しかし、現実はそう甘くはなく、申請の機会が増えたところで必要性を感じていなければ交付数はさほど伸びないようです。なお、デジタル・ガバメント閣僚会議（２０２０年6月5日）の資料には、出張申請は８５８市区町村が官公庁、公民館、学校、企業など全国２４２４カ所で実施したとありますが、申請受付数の記載はありません。

政府が交付枚数を何が何でも増やしたいと考えているのは間違いありません。マイナンバー利活用方針の「住民票作成時のマイナンバーカード申請手続整備」の項には、「新生児の住民票作成時において、住民票作成手続等と一体的にマイナンバーカードの取得促進を図る」との文言が入っています。新生児の住民票は、出生の日を含め14日以内に出された出生届に基づき作成されますから、利活用方針は出生届と同時にマイナンバーカードの申請もしろというのです。生まれた直後の赤ん坊にまでマイナンバーカードを持たせたところで、カードを使う機会はどれほどあるのでしょう[36]。健康保険証として使わせるつもりなのかも知れませんが、生まれたばかりの顔写真が貼られたカードで、有効期限が切れる5歳の誕生日まで本人確認は可能なのでしょうか。

■コロナ禍を利用した〝火事場泥棒〟

特別定額給付金のオンライン申請がうまく行かなかったことから、マイナンバーと銀行口座を紐付ける話が進んでいることを第1章で紹介しました。しかし、新型コロナウイルスの感染拡大を利用した〝火事場泥棒〟のようなことはこれだけではありません。

デジタル・ガバメント閣僚会議のもとに設置されたデジタル基盤WGの第1回会合（2020年6月23日）の配付資料「ワーキンググループ検討課題」には、「新型コロナウイルス感染症対策の経験を踏まえ、緊急時の迅速・確実な給付の実現に向け、マイナンバー制度及び国と地方のデジタル基盤の抜本的な改善を図ることとし、マイナンバー制度を基盤としたデジタル社会の構築を進める」とあります。具体的な検討課題として、マイナンバーカードの利便性の抜本的向上、マイナンバーカードの取得促進、マイナンバー制度の利活用範囲の拡大、国と地方を通じたデジタル基盤の構築（情報システムの統一・標準化、クラウド活用の促進等）、マイナンバー制度及びデジタル・ガバメントに係る体制の抜本的強化であるとして、「年末までに新たな工程表を策定する」としています。しかし、こうした施策と「感染症対策の経験」とのつながりはさっぱりわかりません。

第2回会合（2020年6月30日）の配付資料「課題の整理」にも、マイナンバーカードの利便性の抜本的向上として、民間利用の拡大（マイナポイントの官民連携、民間サービスとの連結等）や、生体認証などの暗証番号に依存しない認証の仕組みの検討などが、マイナンバーカードの取得促進として、カードの発行・更新等が可能な場所（申請サポートを含む）の充実（郵便局・金融機関、コンビニ、病院、学校、運転免許センター、携帯会社等）、市区町村国保や後期高齢者医療制度等の健康保険証更新時のカード申請書の同時送付などがあげられています。これらと「感染症対策の経験」とはどうつながるのでしょう。やっぱりわかりません。

■スマホにマイナンバーカードの機能を？

2020年6月30日、いくつかのマスコミが菅義偉官房長官の記者会見を受け、デジタル基盤WGがマイナンバーカードの機能をスマホに搭載する検討を始めるなどと報じました。ツイッターには「マイナンバーカードが必要なくなるのか」「スマホを落としたらどうするのか」「また思いつきか」といった声が上がりました。マイナンバーカードの機能をスマホに搭載とはどういうことでしょうか。

この日に開かれたデジタル基盤WG第2回会合の配付資料「課題の整理」には33項目の課題があげられています。その内の一つに、マイナンバーカードの利便性の抜本的向上として、「カード機能（公的個人認証サービス）の抜本的改善（スマートフォンへの搭載、クラウド利用、レベルに応じた認証、民間IDとの紐づけ等）」とあります。真相は、マイナンバーカードのICチップに記録されている公的個人認証の電子証明書をスマホにも載せるという話のようです。電子証明書をスマホでも使えるようにするだけですから、マイナンバーカードが必要でなくなることはありません。

実は、携帯電話への公的個人認証の電子証明書の搭載は、ずいぶん前から検討されてきました。デジタル基盤WGのメンバーや菅官房長官が「感染症対策の経験」から急に思いついたものではありません。公的個人認証制度が始まった4年後の2006年11月に総務省は「公的個人認証サービスの利活用のあり方に関する検討会」を設置し、有識者などによる議論を重ね、翌年5月に論点整理を公表しています。そこには「電子証明書の格納媒体としては、ICカードの他、人口普及率が高く普及促進効果が期待できる点、インターネット接続や多様なアプリケーションの利用が可能である点、特殊なリーダライターを必要としない点などにおいて優れている携帯電話（ICカードを内蔵できるタイプや、内部のセキュアなメモリ部分に電子証明書を格納できるタイプを想定）……なども考えられる」と書かれていました。これは14年ほど前の話です。日本でiPhoneが初めて発売（2008年）されるよりも、NTTドコモからAndroidのスマホが初めて発売（2009年）されるよりも前です。

■いつまでたっても実現しない「スマホに電子証明書」

その後も、「個人番号カード・公的個人認証サービス等の利活用推進の在り方に関する懇談会」や、「公的個人認証サービス等を活用したICT利活用ワーキンググループ」、「スマートフォンへの利用者証明機能ダウンロード検討サブワーキンググループ」などでスマホへの搭載の議論は続けられて来ました。2016年4月と記された総務省の資料「公的個人認証サービスの利活用推進に向けた取組」には、2018年度中に「法案提出・運用ルール等整備」し、2019年度中に「サービス開始」とあります。そして、このスケジュールに沿って2016年、2017年には、スマホに利用者証明用電子証明書を搭載するための実証事業が行われました。しかし、なぜか、まだ実現されていません。何か重大な技術上の課題が解決されずに残ったままなのでしょう。

2019年に示されたマイナンバー利活用方針には、スマホに電子証明書を載せる話はなく、あるのは「マイナンバーカード読み取り対応スマートフォンの拡大」のみです。これは、特別定額給付金のオンライン申請でも使われたように、スマホをマイナンバーカードにかざすことで電子証明書の記載情報を読み取り、申請の際の本人確認に利用するだけです。スマホへの電子証明書の搭載は、突然降って湧いた話ではないと先に書きましたが、立ち消え状態だったことからすれば、墓場から蘇ったゾンビのような話だと言えるかも知れません。

「課題の整理」の冒頭には、「新型コロナウイルス感染症対策の経験を踏まえれば、緊急時におけるより迅速・確実な政府サービスの供給の実現が早急に求められており、また、フリーターを含めたセーフティネットも求められて」いることから、「マイナンバー制度及び国と地方のデジタル基盤の抜本的な改善が必要」だとあります。新型コロナウイルス感染症対策の遅れや、不十分さの原因が、まるでマイナンバーなどの情報処理システムにあるかのような言い分です。果たしてそうでしょうか。安倍政権の国民の暮らしや命に対する政治姿勢の問題ではないでしょうか。コロナ禍で人々が抱えている不安をマイナンバー制度の利用拡大の方便として使おうとしているのです。

35 神戸市（現市長の久元喜造氏は元総務省自治行政局長）はマイナンバーカードの普及に大変熱心で、2019年の夏には、運転免許証を返納し、マイナンバーカードの交付申請をした65歳以上の市民を対象とした台湾クルーズ（ペア1組・2名）が抽選で当たる「運転免許返納キャンペーン」を実施しています。こうした取り組みの成果なのか、神戸市は政令指定都市の中でマイナンバーカードの交付率が全国平均を6％近くも上回る23・3％（2020年7月1日）と最も高くなっています。

36 総務省「マイナンバーカード交付状況（令和2年7月1日現在）」によると0～4歳の取得率は4・7％です。

2　消費活性化とマイナポイント

■マイナポイントをもらうには

２０２０年7月1日からマイナンバーカードを使った「マイナポイント事業」の予約と申込の受け付けが始まりました。この事業は、２０１９年12月5日に閣議決定された「安心と成長の未来を拓く総合経済対策」に基づくものですが、そこには「東京オリンピック・パラリンピック競技大会を経た来年9月から令和3年3月末までの期間、マイナンバーカードを活用した消費活性化策（マイナポイントの付与、2万円の前払い等に対し５０００ポイントの付与）を実施し、マイナンバーカードの普及やキャッシュレス決済の拡大を図りつつ、個人消費を切れ目なく下支えする」とあります。しかし、新型コロナウイルスが流行し、オリンピック・パラリンピックは延期され、個人消費は大きく落ち込み、２０２０年4〜6月期のＧＤＰは年率にしてマイナス27・8％に達するなど、事業の前提は大きく変わってしまっています。にもかかわらず、何事もなかったかのように多額の国家予算を注ぎ込んで事業は進められようとしています。

マイナンバー利活用方針にある「２０２０年度に実施する自治体ポイントによる消費活性化策」として、マイナポイント事業は自治体ポイントのインフラを利用して実施されます。マイナポイント取得の流れは、おおよそ次の通りです（**図11**）。

①マイナンバーカードの交付申請を行う
②マイナンバーカードが交付される
③総務省が開設しているウェブサイト「マイキープラットフォーム」にアクセスする
④マイナンバーカードを使って、マイキーIDを取得する（2020年7月時点では「マイナポイントの予約」と表現されている）
⑤マイキーIDを、自分が使いたいキャッシュレスサービスのID（アカウントや利用者番号など）と紐付ける（同じく7月時点では「マイナポイントの申込」と表現されている）
⑥キャッシュレスサービスを利用して、店舗やネットで買い物、または、前払い（チャージ）をする
⑦キャッシュレス決済事業者が利用者にマイナポイントを付与する＝最大20000円の買い物等で5000円分（付与率25％）
⑧キャッシュレス決済事業者が、利用者に付与したマイナポイント相当額を国に請求する
⑨国からキャッシュレス決済事業者に、マイナポイント分が補助金として支払われる

マイキーIDの取得や、キャッシュレスサービスのIDとの紐付けの際には、公的個人認証の利用者証明用電子証明書のパスワード（4桁の数字）の入力が必要です。また、これらの手続きはパソコンからだけでなく、ICカード読取り機能を持ったスマホでも可能です。

多くのキャッシュレスサービスが、この事業に参加していますが、国民等がマイキーIDと紐付

図11

マイナポイント事業の仕組み

キャッシュレスで２万円分の買い物をすると
５千円分のマイナポイントが付いてくる

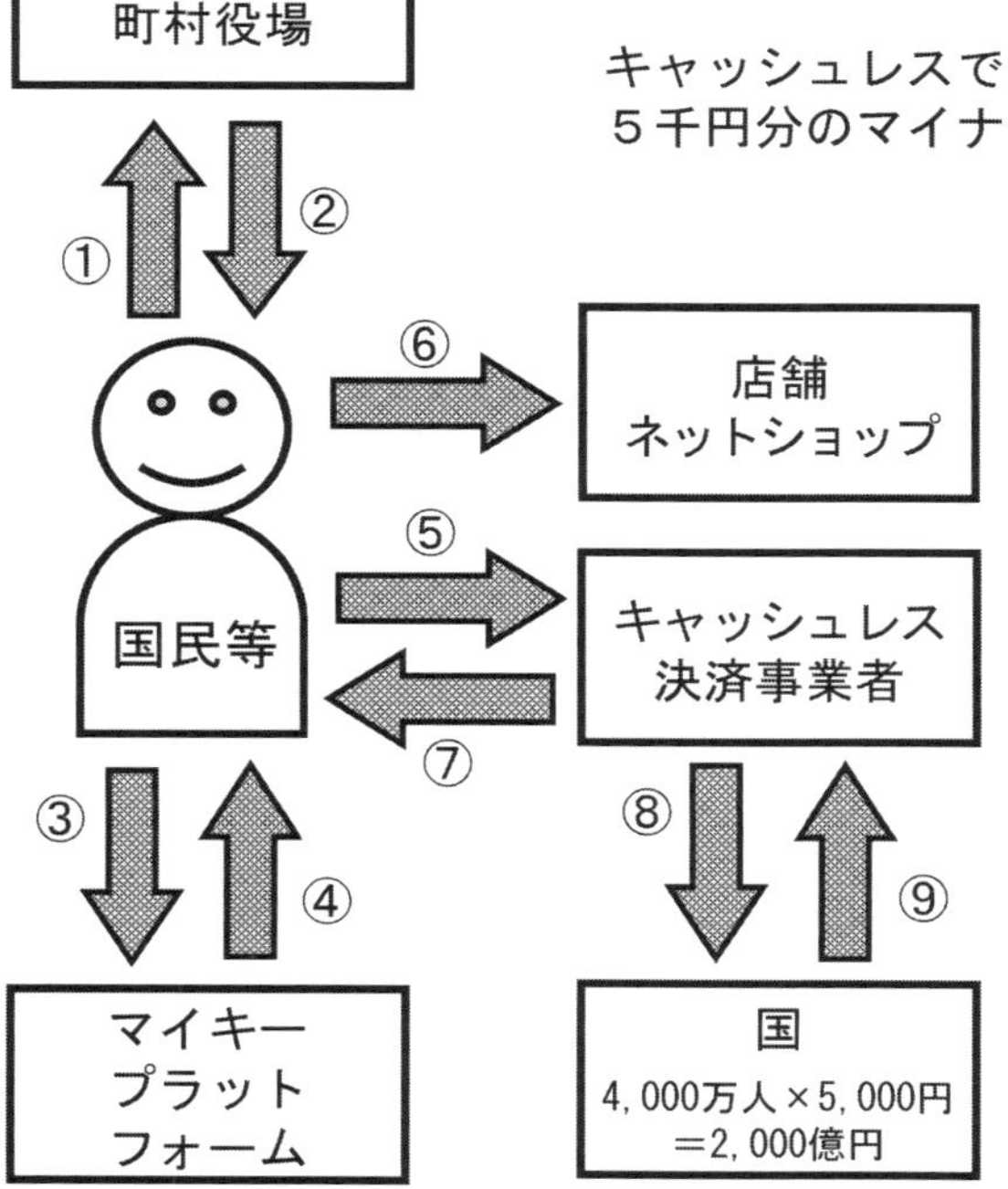
市・区役所
町村役場
①
②
国民等
③
④
マイキー
プラットフォーム
⑥
店舗
ネットショップ
⑤
キャッシュレス
決済事業者
⑦
⑧
⑨
国
4,000万人×5,000円
＝2,000億円

①マイナンバーカードの交付申請
②マイナンバーカードの交付
③マイナンバーカードを使って
マイキープラットフォームにアクセス
④マイキーＩＤを取得（公的個人認証の電子証明書の発行番号との紐付け）
⑤マイキーＩＤをキャッシュレスサービスのＩＤと紐付ける
⑥キャッシュレスサービスを使って
店舗やネットで買い物 or チャージ
⑦マイナポイントを付与
（付与率25%、最大5,000円分）
⑧マイナポイント分を国に請求
⑨マイナポイント分の支払い

黒田充作成

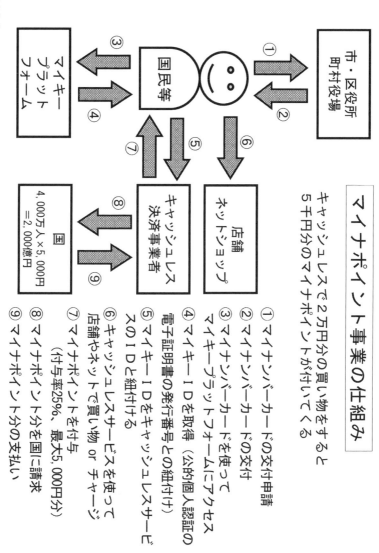

けることができるキャッシュレスサービスは一つだけです。また、マイナポイントが付与されるの２０２０年９月以降の買い物や前払い（チャージ）です。付与されたマイナポイントは、買い物や前払いの際に、マイキーＩＤと紐付けたキャッシュレスサービスで決済する際にのみ現金代わりに使えますが、詳細はキャッシュレスサービスによって異なるようです。

■マイナポイントに使われる予算は2500億円

政府は、マイナポイントの付与対象者（マイナンバーカードを取得し、マイキーＩＤを設定し、キャッシュレス決済事業者の決済サービスを使う者）を４０００万人と想定し[37]、そのための予算として２０１９年度補正に21億円、２０２０年度に２４７８億円を計上しています。しかし、４０００万人という数字は、２０２０年７月１日現在のマイナンバーカード交付数が２２２５万枚ですからかなり無理があるものです。４年半の歳月をかけて、ようやく交付できた枚数をこれからの数カ月でほぼ倍化しなければなりません。一方、マイキーＩＤの取得者は７月21日時点でまだ２４９万人です（「しんぶん赤旗」２０２０年７月27日）。

本書を執筆している８月の時点では人々がどう反応するのか全くわかりませんが、予算額の数分の一しか執行されない可能性もあります。もちろん、その反対にマイナンバーカードの交付申請が殺到し、新型コロナウイルスの感染拡大が懸念されているにもかかわらず市役所等の窓口がカードの受け取りで大混乱することもあり得ます。この混乱には、電子証明書のパスワードの再設定や、電子証明書の再発行で訪れる人も、特定定額給付金のオンライン申請の時と同様に当然加わることになります。

ところで、総務省は「マイキーＩＤ設定・マイナポイント申込については、自宅等で自ら行うことができる一方、端末等の機器やソフトのインストール等一定のＩＣＴリテラシーが必要であり、支援のニーズが想定される」と見ています[38]。そのため総務省はマイキーＩＤ設定支援の取組を市区町村に依頼するとともに、大型店舗の小売り事業者や携帯キャリア事業者、コンビニなどの民間事業者にも支援を求めています。また、すでに多くの市区町村がマイキーＩＤ設定支援のための窓口を開設しています[39]。

■加熱する「上乗せキャンペーン」

総務省のウェブサイト「マイナポイント」によると２０２０年7月末現在、Suica、ICOCA、PASMO、TOICA、WAON、nanaco、楽天Edy、楽天ペイ、楽天カード、auPAY、ｄ払い、ｄカード、LINEPay、PayPay、メルペイ、ゆうちょPay、FamiPay、イオンカード、りそなウォレットなどの大手をはじめ１００を超えるキャッシュレスサービスが、マイナポイント事業に参加しています。最大５０００円×４０００万人分＝２０００億円が、これらのサービスを提供する事業者を通って、マイナンバーカードを所有しマイキーＩＤを取得した人たちに、マイナポイントとして流れていくことになります。渡されたマイナポイントは、どこでも使えるわけではなく、マイキーＩＤと紐付けたキャッシュレスサービスにしか使えません。マイナポイントが現金代わりに商品の購入などに使われると、キャッシュレス決済事業者には、その分の決済手数料（３～５％程度）が転がり込むことになります。

マイナポイントの「予約」と「申込」が始まると、早速、キャッシュレス決済事業者各社は自社のサービスを、マイキーIDと紐付けてもらおうと自らの負担で「上乗せキャンペーン」を始めました。例えば、SuicaやauPAYは1000円分の、d払いは1500円分の、ゆうちょペイやWAONは2000円分のポイントを上乗せするとしています。また、メルペイは2000円分のポイント上乗せに加えて最高1000万円分の、PayPayは最高100万円分のポイントをそれぞれ抽選で付与するとしています。

一人に一つしか交付されないマイキーIDと紐付けることができるキャッシュレスサービスは一つだけですから、一旦紐付けてしまえば、マイナポイント事業終了後も、その人のメインの決済手段となる可能性が高くなります。テレビCMを盛んに流す事業者も現れており、今後、さらに熾烈な争奪戦が展開されることになるのは間違いないでしょう。

こうした事業を国費2500億円も使ってする必要が本当にあるのでしょうか。〝益〟を受けるのはマイナンバーカードを取得し、キャッシュレスサービスを使える人だけです。街の小さな商店や飲食店まで、みんながみんなキャッシュレス決済を導入することは、新型コロナウイルス流行による経営困難が広がるもとでは到底ありえないでしょう。〝益〟の大部分はキャッシュレス決済事業者や、大手のネット通販事業者、大規模チェーン店に流れて行くのでしょう。コロナ禍のもと、多くの人たちが経済的な困難を抱えている中で行うべき事業ではありません。国家予算を使う方向が間違っているのは明らかです。

■実務の多くは「電通」に再委託

総務省からマイナポイント事業の事務局を任されているのは、一般社団法人・環境共創イニシアチブです。総務省のウェブサイト「マイナポイント」のキャッシュレス決済事業者向けのページには、問い合わせ先として「キャッシュレス決済事業者審査窓口（一般社団法人環境共創イニシアチブ内）」とあり、同ページからダウンロードできる「キャッシュレス決済事業者登録要領」は環境共創イニシアチブが作成したものとなっています。

「朝日新聞」（２０２０年6月15日）は、環境共創イニシアチブが実務の多くを（株）電通に再委託していたことがわかったと報じ、「経済産業省の事業では、持続化給付金など複数の事業で電通への大規模な再委託が行われていたが、同じ構図が他省でも明らかになった」としています。これまで「経産省などからエネルギー・環境分野で補助金事業などを請け負ってきた……（環境共創の）メンバーには、石油連盟や電気事業連合会などのほか、電通やトランスコスモスなど、持続化給付金事業を請け負った『一般社団法人サービスデザイン推進協議会（サ推協）』のメンバーと同じ企業も名を連ねる」とあります。

「東京新聞」（同月17日）も、「総務省によると、環境共創はキャッシュレス決済事業者らにポイント還元の原資として補助金を配る役割を主に担う。総務省からの委託費は三百五十億円で、補助金の百億円を除いた二百五十億円のうち、電通への再委託費は55％の百三十九億円。他社も含めた再委託費の割合は98％に達する」とし、「持続化給付金をはじめ、電通は一般社団法人を経由して多くの経済産業省の事業を受注していたが、同じ構図が総務省の事業でも明らかになった」と報じています。この件について、高市総務大臣は6月16日の記者会見で「手続については公正に行われており、私は何の問題もないと考えております」と答えています。調査をする気など毛頭ないようです。

環境共創イニシアチブのウェブサイトには関わってきた、もしくは関わっている事業の一覧が掲載されていますが、マイナンバー制度絡みの事業は、今回のマイナポイントの他には見当たりません。もし、実績を考慮するなら、マイナンバー制度だけでなく、公的個人認証にも、住基ネットにも独占的に関わって来たJ－LＩＳこそふさわしいのではないでしょうか——もちろん皮肉です。なぜ、経済産業省の下請的な仕事を専らしてきた環境共創イニシアチブを選んだのでしょうか。不思議でなりません。

■官民共同利用型キャッシュレス決済基盤の構築

マイナポイント事業をマイナンバーカード普及の遅れから出てきたものと見る向きもありますが、それだけを目的だとするには無理があります。なぜなら政府は健康保険証化により2023年3月末までに「ほとんどの住民がマイナンバーカードを保有」するとしており、マイナポイント事業への多額の国費投入はカードの普及を図るためだけであるなら、まさに屋上屋を架すことになります。

では、目的は何でしょうか。「骨太の方針2019」には「マイナンバーカードの利活用を一層深化させる観点から、行政サービスと民間サービスの共同利用型キャッシュレス決済基盤の構築を目指すこととし、マイナンバーカードの本人確認機能を活用したクラウドサービスを発展的に利活用する」とあります。前述の2020年度予算に計上された2478億円も、「令和2年度　総務省所管予算

（案）の概要」によれば、正式な事業名は「マイナンバーカードを活用した消費活性化と官民共同利用型キャッシュレス決済基盤の構築」であり、目的は「官民共同利用型キャッシュレス決済基盤を構築」することだと書かれています。

こうした決済基盤の構築を政府が目指す背景には、キャッシュレス化が海外に比べて遅れているとの危機感があります。２０１７年６月９日に閣議決定された未来投資戦略２０１７には、２０２７年６月までにキャッシュレス決済比率を４割程度とすることを目指すと書かれていました。経済産業省は翌年の４月にこれを前倒しし、２０２５年までに４割とする「キャッシュレス・ビジョン」策定しています。ビジョンは、キャッシュレス化先進国ではキャッシュレス決済比率が２０１５年時点で軒並み40〜60％台に到達している一方、日本は18・４％に留まり遅れていると指摘しています。

２０１８年７月には、キャッシュレス・ビジョンが示した「キャッシュレス推進活動の推進役となる機関の設立が必要」に基づき、「国内外のステークホルダーと相互連携を図り、キャッシュレスに関わる活動を通じ、業界横断で早期のキャッシュレス社会を実現することを目的」として、一般社団法人「キャッシュレス推進協議会」が設立されています。現在、キャッシュレス推進協議会には４００近い企業や団体が参加しています。そこには、キャッシュレス決済事業者だけでなく、銀行やクレジットカード、保険などの金融や、情報通信、ＩＴなどに関わる企業や団体をはじめ、大規模小売店や、コンビニや飲食店の大規模チェーン、製造業、運輸、マスコミ、そして約80の自治体も名を連ねています。

経済産業省は、消費増税にともなう需要の落ち込みを防ぐことなどを目的に２０１９年10月から翌年6月末まで、中小の店舗での買い物でキャッシュレス決済をすると、最大5％がポイント等で還元されるポイント還元事業を行いました。この事業の事務局を請け負ったのがキャッシュレス推進協議会です。2019、2020年度予算から計339億円を事務費として受け取りましたが、「朝日新聞」（2020年6月6日）によれば、「その93％にあたる計約316億円で、事務作業の大半を電通や情報システム大手の野村総合研究所、監査法人のトーマツに再委託」し、電通はそのうちの約307億円を受け取っていたようです。持続化給付金事業といい、マイナポイント事業といい、政府と一部大企業の間では「中抜き」が常態化しているようです

官民共同利用型キャッシュレス決済基盤に話を戻します。「骨太の方針2019」は「行政サービスと民間サービスの共同利用型キャッシュレス決済基盤の構築を目指」し、「国や地方公共団体が実施する子育て支援金など各種の現金給付をポイントで行うことも視野に入れ、関係府省や地方公共団体と検討を進め、真に必要な国民に対して、きめ細かい対応を可能にするとともに、不正受給の防止、事務コストの削減など、効果的な政策遂行にもつなげること」で、「将来的な拡張性や互換性も担保したナショナルシステムとしての基盤」とするとしています（傍線は筆者）。

官民共同利用型キャッシュレス決済基盤は、マイナンバー制度の目的の一つである「『真』に支援が必要な人」を選別するための「効果的な政策遂行にも」つながっているのです。また「子育て支援金など各種の現金給付をポイントで行うことも視野に」とありますから、生活保護の給付を現金ではなく、ポイント――使途は制限され、特定の店舗のみで使える――にする話もやがて浮上して来るでしょう。

■「信用スコア」とプロファイリング

政府がナショナルシステムとの表現をしてまで、官民共同利用型キャッシュレス決済基盤構築に力を入れるのはなぜでしょうか。キャッシュレス社会を実現するとともに、Google PayやApple Pay、Amazon Payなどの海外のキャッシュレス決済勢、とりわけ中国のアリババ・グループ（阿里巴巴集団）が展開するアリペイ（支付宝）に対抗しようという考えが背景にあるからではないでしょうか。

アリペイは中国国内で使われているスマホを使ったQRコード決済サービスの最大手で、「物販や飲食などリアル店舗やネットショッピングでの支払いのみならず、納税や年金受け取り、公共料金の支払い、各種ローンの返済などあらゆる決済の中核を担（って）」おり、「日常生活ではすでにスマートフォン決済なしでは成り立たな（く）」なっています[40]。最近では、日本への中国人旅行者が買い物にアリペイを利用することが一般化しており、コンビニや、ドラッグストア、百貨店、家電量販店、土産物屋など使える店舗が激増しています。アリペイジャパンは、２０１９年年初時点で日本での加盟店舗数が30万を突破――２０１８年8月時点と比較し約5倍化――したとしています。中国国籍を持たない日本人は〝まだ〟使えませんが、近い将来、日本人にも利用が解放される可能性もあるでしょう。

中国国内では、アリペイと同じくアリババ・グループに属する金融関連企業「アント・フィナンシャル」が提供する信用スコアサービス「芝麻信用（セサミ・クレジット）」が広く普及しています。芝麻信用は、年齢、学歴、職歴などの個人の属性的な基本情報、返済能力に関する情報、レンタルなどの利用履歴、人脈（リアル及びSNSを使ったネット上の交友関係、知人など）、日常の行動や趣味趣向・関心事に関する情報をもとに350〜950点の範囲で信用スコア（点数）を利用者一人ひとりについて毎月算出し、これを5段階にランク付けし、本人などに提供しています。点数を算出するために使われる情報の中には、ネットショッピングや公共料金の支払いの履歴、保有する株や債権などの金融資産、土地や住宅などの不動産、SNSで話したこと、罰金などの行政処分や裁判、犯罪履歴なども含まれています。

高得点者は様々な優遇――借家やホテル、レンタカー、シェア自転車などの預り金が不要に、消費者金融での借金が容易に、一部の国のビザ申請がネット上で可能に等々――を受けることができます。一方、点数が低い者は就職で不利に扱われたり、婚活で冷遇されたりとあらゆる場面で差別的な扱いを受けるようです。人々は競争心をかき立てられ、ゲーム感覚で点数アップに精を出しているようですが、信用スコア算出の仕組み自体は非公開のブラックボックス状態です。

信用スコアは「民」だけではありません。一部の自治体も交通マナーや市民道徳などを守らせる意味合いが強い独自の信用スコアの算出と活用を始めています。江蘇省蘇州市や福建省福州市では、ボランティア、献血、労働模範への選出などによりスコアが加点され、交通機関の運賃が安くなるなどの特典が付与されています。また北京市からは2020年末までに常住者全員を対象とするスコア連動型賞罰システムを導入することが発表されています。中央政府も2020年までに社会信用に関する基礎的法規や基準体系を整備し、信用情報リソースの共有を基礎とする社会全体の信用調査システムを構築する「社会信用システム建設企画綱要（2014―2020）」を2014年に策定しています。中国で実現されつつあるのは、集められた膨大な個人情報とテクノロジーによって

「このように振るまえば、より幸福になりますよ」と政府や大企業が提案し、人々が自発的にこれに従う「お行儀のいい」社会であり、これもまた一つの監視社会なのです[41]。

■信用スコアは日本にも

信用スコアの算出と活用は、プロファイリングによる人の選別、等級化であり、基本的人権を侵害する恐れが極めて高いものです。しかし、これは中国に限った話ではありません。金融分野を中心に今や世界的な広がりを見せており、日本でも程度の差こそあるものの、いくつかの企業が提供を始めています。

例えば、みずほ銀行とソフトバンクは2017年9月から共同で「AIを活用して、お客さまのさまざまな情報から、お客さまの信用力と可能性をスコア化」する「J.Score」（ジェイスコア）の提供を開始しています。J.Score のウェブサイトには、「AIスコアは、信用力のスコア化において従来重視された情報に加え、必ずしも重視されなかったお客さまの情報を活用することで、スコアの精緻化を目指しています」とあります。J.Score に性格や普段のライフスタイルなどの情報を登録し、みずほ銀行やソフトバンク、Yahoo! JAPAN と J.Score を情報連携し、運動・学習・睡眠・お金についての習慣を記録し、良い行動を習慣化し継続すると、AIスコアにこれらが反映されるとしています。こうした情報を基に算出された J.Score の点数は、みずほ銀行が行う個人向け融資「AIスコア・レンディング」で融資条件（契約極度額や貸付利率など）を決めるのに使われます[42]。さらにキャッシュレス決済との連携を図るべく、2020年6月19日には、ソフトバンクのグループ会社であるPayPayと協力し、2020年度内に「より便利なJ.Scoreのレンディングサービス」を提供するとするプレスリリースを発表しています。では、どのような行動を習慣化し、PayPayで何をどれだけ買えば、評価されスコアは上がるのでしょう。「わかりません。AIに任せています」が答えなのかも知れません。なお、J.Scoreは2019年12月に登録ユーザー数が累計で100万人を突破したと発表しています。

他にもNTTドコモやLINEなども信用スコア事業に乗り出しています。NTTドコモの「ドコモスコアリング」は、「金融機関への融資サービスお申込み時に、お客さまの同意に基づいて、ドコモ契約者のサービス利用状況から分析した信用スコアを自動的に算出し、スコアリング結果を金融機関に提供します。金融機関はこのスコアリング結果を活用した審査を行うことで、個々人の状況に合わせた適切な金利・貸出枠を設定することが可能」(同社の2019年8月29日付け報道発表資料)になるとしています。スコアの算出に使われるものの中には、ドコモ回線の利用期間、携帯料金支払履歴、金融サービス利用状況、コンテンツサービス利用状況、契約内容なども含まれています。

LINEは、LINE Financial、みずほ銀行、オリエントコーポレーションの3社による合弁会社であるLINE Creditを通じて、「『LINE』関連サービス上での行動傾向やサービス利用前にご回答いただく属性等に関する質問の回答データを用いて、100点~1000点でスコアが算出」(2019年6月27日付けニュースリリース)されるスコアリングサービス「LINE Score」の提供を2019年6月から始めています。なお、LINE Creditは2020年5月6日の時点で登録ユーザーが500万人を突破したとしています。

日本で行われているこれらのプロファイリングによる点数付けは、融資をする際の選別が目的です。しかし、いつまでもそこに留まっているのでしょうか。アメリカでは、プロファイリングが犯罪捜査に使われ始めています。それはある特定の事件の犯人を捜し出すためのものではなく、過去の犯罪事例から犯罪を行いそうな者をあらかじめ予測するものです。シカゴ警察は、様々な経験的データからコンピューターを使って暴力犯の実行者と犠牲者を予測し、2014年2月の時点で400人を超える者が掲載されたリストを作成しているといいます。警察はリスト掲載者を一人ひとり訪ね（手紙を送る場合もある）、将来犯罪に手を染めた場合の結果について警告するとともに、その者が受けられる社会的サービス（職業訓練、住宅供給等）を告知しています[43]。おそらくシカゴ市民の多くはプロファイリングによって点数化され、特定の基準をもとに犯罪（または犠牲）者予備群とそうでない者に選別されているのでしょう。

■マイナンバーと信用スコア

デジタル基盤WGの「課題の整理」には「マイナンバーカードの利便性の抜本的向上」として「民間利用の拡大（マイナポイントの官民連携、民間サービスとの連結等）」と書かれています。官民共同利用型のキャッシュレス決済基盤の構築に向けたマイナポイントの官民連携も、デジタル基盤WGで検討を進め、2020年の内に新たな工程表を策定し、できるものから実行に移していくことになるのでしょう。

官民共同利用型のキャッシュレス決済基盤が本格的に稼働し巨大なインフラとして成長すればど

うなるのでしょう。ほとんど全ての住民がマイナンバーカードを持たざるを得なくなった社会において、「マイナンバーカードの利活用を一層深化させる観点」（骨太の方針２０１９）から構築されたキャッシュレス決済基盤を使わない自由は残されるのでしょうか。「民」が集める行動履歴や購買履歴などの個人情報と「官」が保有する個人情報とを合わせ、芝麻信用もしくはそれ以上のレベルで詳細に国民等を一人ひとりプロファイリングし、信用スコアの算出、さらにはアメリカのような犯罪予測へと進むことになる可能性はないのでしょうか。もし、そうなれば深刻な権利侵害をもたらすであろうことに疑う余地はありません。

マイナンバー制度について、政府はこれまで一貫して「複数の機関に存在する特定の個人の情報が同一人の情報であるということを確認するための基盤であり、社会保障・税制度の効率性・透明性を高め、国民にとって利便性の高い公平・公正な社会を実現するための基盤（インフラ）である」（内閣府「マイナンバー　社会保障・税番号制度　概要資料　２０１８年８月」）としてきました。しかし、マイナンバーカードを活用した官民共同利用型キャッシュレス決済基盤の構築を進めるならば、それはこうした説明の範囲を大きく逸脱することになります。

37　２０１９年９月３日に開かれたデジタル・ガバメント閣僚会議は、２０２０年７月末時点のマイナンバーカード交付枚数を３０００万から４０００万枚と想定していました。

38　２０１９年12月24日開催の「マイナポイント活用官民連携タスクフォース　第３回」の配付資料「マイナポイントを活用した消費活性化策について」。

39　２０２０年６月５日のデジタル・ガバメント閣僚会議の配付資料「マイナンバーカード及びマイナンバーの利活用の促進につい

て」には、11事業者に支援用の端末（パソコン、マルチメディア端末等）を常設予定（約9万拠点）、1684自治体が支援計画を策定し、1430団体が支援開始済（4月23日時点）とあります。

40 『データ階層社会』東洋経済eビジネス新書。

41 中国の信用スコアについては、岩田昭男『キャッシュレス覇権戦争』NHK出版新書、梶谷懐・高口康太『幸福な監視国家・中国』同、西垣通・河島茂生『AI倫理　人工知能は「責任」をとれるのか』中公新書ラクレ、西村友作『キャッシュレス国家　「中国新経済」の光と影』文春新書、山本龍彦「〝C〟の誘惑　スコア監視国家と『内心の自由』」「世界」2019年6月号などを参照しました。

42 J.ScoreのウェブサイトのAIスコア・レンディングのページには「AIスコアは1000点を上限に表示され、600点未満の場合、AIスコア・レンディングをご利用できません。スコアアップにより、600点以上となった場合はご利用になれます」との注意書きがあります。なお、レンディングは貸付の意味で使われています。

43 山本龍彦『プライバシーの権利を考える』信山社。

第6章

マイナンバーカードが健康保険証に

1　マイナンバーカードを健康保険証に

■オンライン資格確認で過誤請求の防止

２０１９年5月15日の健康保険法等の改正により２０２１年3月からマイナンバーカードを健康保険証にすることが可能になりました。健康保険加入の資格の確認をオンラインで行うことによって、過誤請求を防ぐのが目的だとされています。これもマイナンバーカードの公的個人認証の電子証明書によって実現されます。

私たちが医療機関等で受診をすると、医療機関等はかかった費用のうちの健康保険の負担分を審査支払機関にレセプトで請求し、審査支払機関は審査をしたうえで健康保険組合等にこれを請求します。健康保険組合等は、この請求を受けて医療機関等に健康保険の負担分を支払います。しかし、資格過誤による誤った請求が起きることがあります。会社を退職などすると健保組合の組合員としての資格を失い健康保険証は使えなくなります。ところが、医療機関等で資格が失われた健康保険証がそのまま使われることがあります。こうした場合、医療機関は審査支払機関に請求をしても健康保険の負担分をもらえません。これが過誤請求です。

マイナンバーカードを使ったオンライン資格確認は、厚生労働省保険局作成の「医療保険におけるオンライン資格確認の仕組み（イメージ）」（**図12**）にあるように「マイナンバーカードの電子証明書を保険医療機関・薬局の窓口で読み取って、受診時やレセプト請求前等にオンラインで、支払基金・

図12

医療保険におけるオンライン資格確認の仕組み（イメージ）

○　マイナンバーカードの電子証明書を保険医療機関・薬局の窓口で読み取って、受診時やレセプト請求前等にオンラインで、支払基金・国保中央会に資格情報を照会・確認する仕組みを整備する。

○　患者本人がマイナンバーカードを持参せず、健康保険証のみ持参した場合には、券面の新被保険者番号により、資格情報の有効性を確認する（新被保険者番号を履歴管理しているので、受診時の資格情報を確認できる）。

（※）運営コスト等をできるだけ抑えるため、マイナンバーのインフラと医療保険の既存インフラを組み合わせて、安全で効率的な仕組みを整備する。

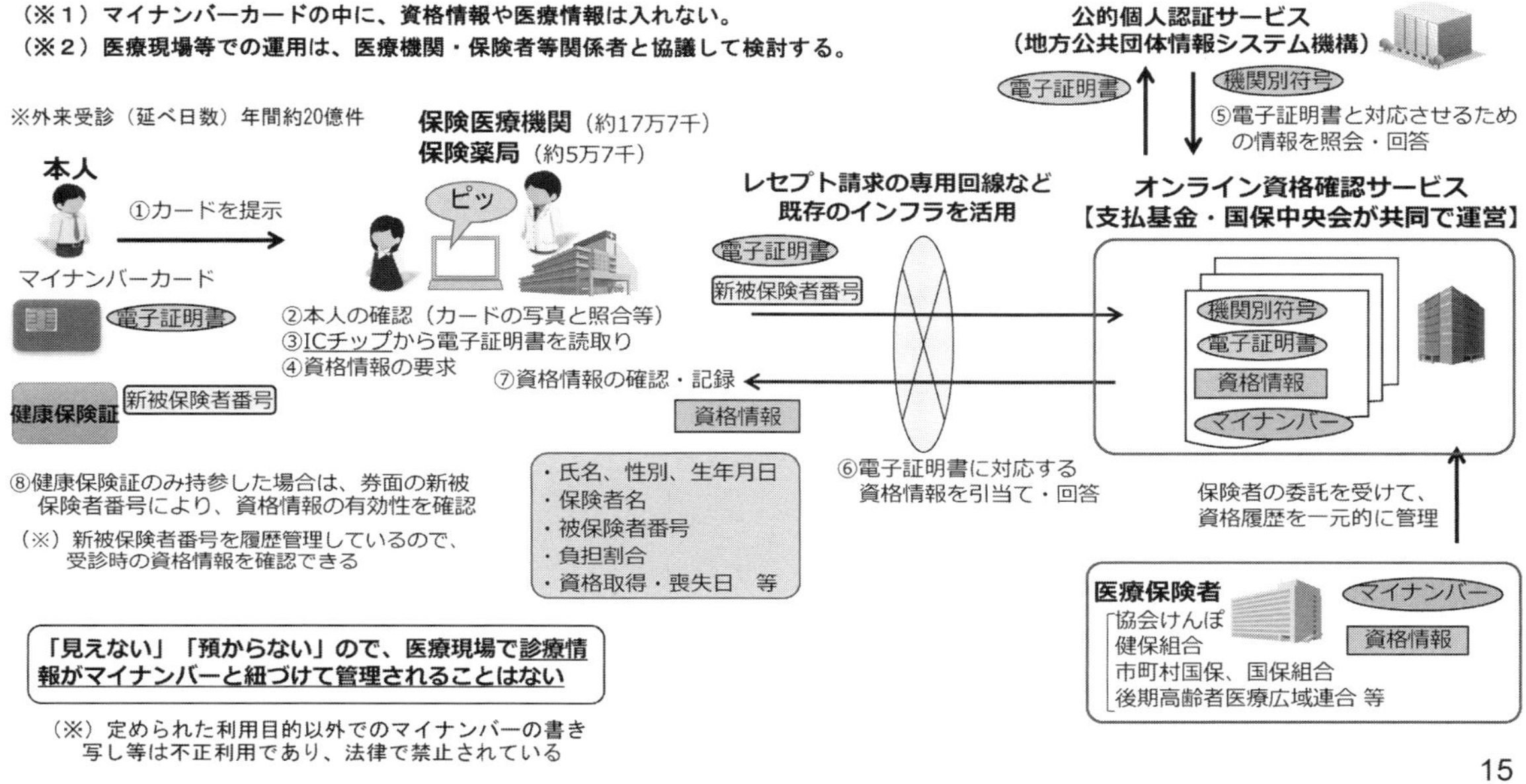
（※1）マイナンバーカードの中に、資格情報や医療情報は入れない。
（※2）医療現場等での運用は、医療機関・保険者等関係者と協議して検討する。
※外来受診（延べ日数）年間約20億件
本人
①カードを提示
マイナンバーカード
電子証明書
健康保険証
新被保険者番号
保険医療機関（約17万7千）
保険薬局（約5万7千）
ピッ
②本人の確認（カードの写真と照合等）
③ICチップから電子証明書を読取り
④資格情報の要求
⑦資格情報の確認・記録
資格情報
・氏名、性別、生年月日
・保険者名
・被保険者番号
・負担割合
・資格取得・喪失日　等
⑧健康保険証のみ持参した場合は、券面の新被保険者番号により、資格情報の有効性を確認
（※）新被保険者番号を履歴管理しているので、受診時の資格情報を確認できる
「見えない」「預からない」ので、医療現場で診療情報がマイナンバーと紐づけて管理されることはない
（※）定められた利用目的以外でのマイナンバーの書き写し等は不正利用であり、法律で禁止されている
レセプト請求の専用回線など既存のインフラを活用
電子証明書
新被保険者番号
⑥電子証明書に対応する資格情報を引当て・回答
公的個人認証サービス
（地方公共団体情報システム機構）
電子証明書
機関別符号
⑤電子証明書と対応させるための情報を照会・回答
オンライン資格確認サービス
【支払基金・国保中央会が共同で運営】
機関別符号
電子証明書
資格情報
マイナンバー
保険者の委託を受けて、資格履歴を一元的に管理
医療保険者
協会けんぽ
健保組合
市町村国保、国保組合
後期高齢者医療広域連合 等
マイナンバー
資格情報
15

出典：「オンライン資格確認等について　平成30年1月30日」（厚生労働省保険局医療介護連携政策課保険システム高度化推進室）

国保中央会に資格情報を照会・確認する仕組み」になっています。支払基金とは「民間法人・社会保険診療報酬支払基金」、国保中央会とは「公益社団法人・国民健康保険中央会」のことです。前者は全国健康保険協会（健康保険・船員保険）や共済組合などについての、後者は国民健康保険についてのそれぞれ診療報酬等審査支払業務等を行っている審査支払機関です。

もっとも、過誤請求が起きても、請求先を改めたうえで再請求すれば医療機関に損失が生じることはありません。東京保険医協会は「失効保険証による過誤請求は一般の診療所では年間せいぜい数件程度であり、また後で再請求可能で直接損失となるわけでもなく、これだけのシステムに見合うものとは考えられません」（東京保険医協会経営税務部担当副会長談話「保険証のオンライン資格確認とそれを進める法案に反対します」2019年3月13日）としています。

2015年に厚生労働省が「医療保険制度における社会保障・税番号制度の活用に関する調査研究事業」として行った調査では、審査支払機関における受付件数のうち、氏名の記載誤りも含め、資格過誤を原因として、医療機関等に返戻される件数の割合は、わずか0・27％に過ぎません。ほとんどが問題なく処理されているのです。また、返戻されるもののうち半分近くは資格が失われていることが原因ですが、3分の1は医療機関等での「記号・番号の誤り」「本人・家族の誤り」「患者名・性別・生年月日の誤り」などの転記ミス等を原因とするものです。こうした数字を見る限りオンライン資格確認は、多額の費用を使ってまで行う必要がある事業だとは到底思えません。

■オンライン資格確認とマイナンバーカード

オンライン資格確認を実施にあたって、協会けんぽや健保組合、市区町村国保、共済組合、後期高齢者医療広域連合等の保険者は、支払基金や国保中央会に被保険者の資格情報の管理を委託する必要から、資格情報とマイナンバーを提供します。支払基金と国保中央会が共同運営するオンライン資格確認サービスは、これらの資格情報の履歴を含め、マイナンバーと紐付けた形で一元的に管理し、健保組合等から資格取得や喪失などの情報が送られて来るたびに、これを更新します。こうして資格情報は常に正確に保たれ、医療機関等からのオンライン請求に対して提供されることになります[44]。

なお、オンライン資格確認の運用開始時点において対象となる健康保険証には、国民健康保険被保険者証、健康保険被保険者証、組合員被保険者証、船員保険被保険者証、国民健康保険被保険者証兼高齢受給者証、後期高齢者医療被保険者証の他、短期被保険者証や被保険者資格証明書などが含まれる予定です。また、生活保護受給者の医療扶助の医療券・調剤券については、2019年12月20日に閣議決定されたデジタル・ガバメント実行計画の「マイナンバーカードを活用した各種カード等のデジタル化等に向けた工程表」には、2021年度から環境整備・システム開発を行い、2023年度以降本格運用とあります。

では、マイナンバーカードが健康保険証になることに、私たち国民等には何かメリットがあるのでしょうか。今のままであっても、特に不便はありませんから、健康保険証として使えるようにする必要性は、少なくとも国民等の側には無いと言えるでしょう。

ところでオンライン資格確認ができるのは、マイナンバーカードだけではありません。厚生労働省が医療機関・薬局むけに示しているQ&Aには次のように書かれています。

Q1　オンライン資格確認を導入したら、患者はマイナンバーカードがないと受診できないのですか？

A1　健康保険証でも受診できます。健康保険証とマイナンバーカードのどちらでもオンラインで資格確認ができるようになりますが、健康保険証の場合は記号番号等の入力が必要となります。

厚生労働省の説明通りこれまでの健康保険証でもオンライン資格確認は可能であるのなら、医療機関で健康保険を使って受診する際に、患者はマイナンバーカードを必ず持参する必要も、マイナンバーカードを取得しないと健康保険を利用できなくなるわけでもないことになります。

■ほとんどの住民がマイナンバーカードを保有

「骨太の方針2019」は、オンライン資格確認について「2022年度中におおむね全ての医療機関等での導入を目指し、医療機関等の読み取り端末、システム等の早期整備を十分に支援する」としています。また、2019年9月3日に開かれたデジタル・ガバメント閣僚会議は「マイナンバーカードの健康保険証としての医療機関等の利用環境整備」を行うとし、マイナンバーカードの交付枚数を健康保険証利用の運用開始時（医療機関等の6割程度でのオンライン資格確認導入を目指す）の

２０２1年3月末の時点で６０００万〜７０００万枚と見込み、概ね全ての医療機関でのオンライン資格確認が可能となる２０２３年3月末までには、ほとんどの住民がマイナンバーカードを保有することになると想定しています。

２０２０年7月1日現在のマイナンバーカードの交付枚数は２２２5万枚ですから、ほとんどの住民がマイナンバーカードを２０２３年3月末時点において保有するには、毎月約３００万枚の交付をする必要があります。２０２０年6月5日開催のデジタル・ガバメント閣僚会議での配付資料「マイナンバーカード及びマイナンバーの利活用の促進について」によると２０２０年4月末から5月末までの交付枚数は約51万枚ですから、ほとんどの住民が２０２３年3月末時点において保有するには、毎月交付枚数を6倍近くに引き上げる必要があります。

3年足らず先にほとんどの住民がマイナンバーカードを保有すると想定するのは、これまでの実績を踏まえれば、時間的に見てかなり無理があります。また、国民等がマイナンバーカードに対する警戒を突然解いて、こぞって交付申請に殺到することもまず考えられません。

■健康保険証は廃止されるのか

にもかかわらず、２０２３年3月末時点においてほとんどの住民がマイナンバーカードを保有するなどと、政府が強気なのはなぜなのでしょう。それは「将来的に保険証の発行を不要としてマイナンバーカードのみの運用への移行を目指していく」（厚生労働省・オンライン資格確認等システムに関する運用等の整理案（概要）令和元年6月版）からです。

健康保険証の廃止は一斉にではなく、おそらく保険者毎に進められるでしょう。関係省庁との関係が深い企業の健保組合や、公務員の共済組合だけでなく、マイナンバーカードの普及に熱心な市区町村の国保なども、経費の削減などを理由に掲げ、政府が奨励するもとで〝自主的〟に廃止していくのではないでしょうか。もちろんその前提として、廃止できるようにする制度改正が必要となりますが、それは現在の国会の状況から見てそれほど難しくはないでしょう。

「読売新聞」（2019年12月19日）に掲載された記事によれば、同紙が政令市など全国74市区に聞いたところ、2023年3月末時点でのマイナンバーカードの想定交付率を90％以上とした自治体が、43もあったそうです。回答総数が68なので、実に3分の2に近い自治体が90％以上としているのは、国民健康保険証の廃止を視野に入れているからなのでしょうか。

やがて「健康保険証の更新時期にあたり、国民健康保険事業特別会計の財政状況を鑑み、経費削減を目的として、これまでの紙製の健康保険証は原則廃止し、マイナンバーカードに一本化することになりました。従来通りの健康保険証が入用な方には、暫定措置として市役所の窓口で有料（××円）にて交付しますので申し出てください」といった通知が市役所から国保加入者に届く日が来るかも知れません。

従来の健康保険証でも受診可能が過渡期の措置にとどまり、従来の健康保険証が廃止されれば、国民皆保険制度のもと、マイナンバーカードを取得しないという選択肢は国民等には残らないことになります。健康保険証化と従来の保険証の廃止によって、そう遠くない将来において、国民等は法律上の義務ではないにもかかわらず、マイナンバーカードを持たざるを得なくなるのは間違いありません。

■当初からあった健康保険証化の話

健康保険証化は、マイナンバーカードの普及が遅れているからという理由で急に出てきたものではありません。２０１４年6月24日に閣議決定された「世界最先端ＩＴ国家創造宣言」は、マイナンバーカードについて「ＩＣチップの空き領域や公的個人認証サービス等を活用し、健康保険証や国家公務員身分証明書など、公的サービスや国家資格等の資格の証明等に係るカード類の一体化／一元化」等により、広く普及を図るとして、マイナンバーカードの健康保険証としての利用も打ち出していました。

そして、翌年6月30日閣議決定の「日本再興戦略　改訂２０１５」には、「２０１７年7月以降早期に医療保険のオンライン資格確認システムを整備し、医療機関の窓口において個人番号カードを健康保険証として活用することを可能とし」とあります。このように健康保険証にする計画はマイナンバー制度スタート前から存在したのです。

実は、２０１５年の「マイナンバー制度利活用推進ロードマップ（案）」にあった２０１９年3月末までに８７００万枚を交付するというのも、２０１８年4月を目途に健康保険証として利用できるようにすることが前提となっていました。健康保険証化は、開始時期が遅れたものの、政府の思わく通りに進められているのです。多くの国民が、マイナンバーカードの普及が予定通りに進まないから健康保険証化の話が出てきたのだと勘違いしているのは、こうした計画があったことを知らなかった、知らされていなかったからです。

もう一つ注意すべきことは、健康保険証にも使う話が政府から出され、閣議決定されたのは番号法成立後だという点です。番号法案は2013年3月1日に衆議院に提出され、同年5月24日に参議院本会議において可決され成立しました。しかし、その審議過程においてマイナンバーカードを将来、健康保険証にも使うという説明は政府側から一切なされていません。ところが、そのわずか1年後の2014年6月24日には健康保険証にも使うことを盛り込んだ「世界最先端IT国家創造宣言」が閣議決定されたのです。この素早さから見て、番号法成立前のマイナンバーカードの制度設計の段階で、政府部内において健康保険証にも使う検討が一切なされていなかったとは到底考えられません。

政府は、将来的に何に使う予定なのかを国民に充分に説明せず、意図を隠したままマイナンバーカードという容器を作り、後出しジャンケン的に機能をこれに注ぎ込んでいこうとしているのです。こうした姿勢の政府のもとでは、今後もマイナンバーカードだけでなくマイナンバーも含め、国民への充分な説明を欠いたまま際限なくその利活用が拡大されていく可能性が極めて大きいと考えざるを得ません。

44 もっとも退職により健保組合を退会したり、転居により市区町村国保が変わったりした場合、それらの事務処理には、ある程度の時間がかかりますから、決してリアルタイムに資格情報が更新されるわけではありません。少なくとも数日程度のタイムラグが生じると思われます。

2　あまりにも多い問題点

■持ち歩けば紛失や盗難も

マイナンバーカードを健康保険証として使うことによって生じる問題点、危惧される点はたくさんあります。まず、第一に、医療機関等に受診する際にマイナンバーカードを健康保険証として持ち歩くことによる紛失や盗難の危険性が増大することです。高齢者はより若い層に比べて受診率が高いうえ[45]、一般に知られているように置き忘れなどを含め様々な物を紛失する可能性が高いといえます。マイナンバーカードを健康保険証として利用させることは特に高齢者に対しては得策ではありません。

現在、政府は「実は安全でした、みなさんの誤解です」とするマイナンバー（カード）の安全キャンペーンを進めています。しかし、マイナンバーカードを失ったり盗まれたりすると、漏洩するのはマイナンバーだけではありません。住所や氏名、生年月日、性別、そして顔写真も一緒に漏洩しますから、こうした個人情報をもとにした詐欺やストーカー行為に巻き込まれる可能性は充分あるでしょう。また、マイナンバーカードを不法に取得した者が、たまたま顔立ちが似ていればこれを身分証として使い（顔立ちが似ている者に譲渡する可能性もある）、本来の持ち主になりすまし、金品をだまし取るといった犯罪行為を行うこともあり得ます。

「いやいや、そんな犯罪は聞いたことがない」と言われる方もいるかも知れません、しかし、それはマイナンバーカードの取得者が少ないうえ、普段持ち歩いている人がほとんどいないからです。健康保険証として使うようになり、多くの者が日常的に持ち歩くようになれば状況は大きく違って来るでしょう。

■医療機関には過度な負担が

第二に、システム整備やセキュリティ確保などによる過度な負担を医療機関等に与える問題です。厚生労働省保険局作成の資料「医療保険のオンライン資格確認の概要　令和2年2月」には、医療機関や薬局でオンライン資格確認を行うには、①オンライン資格確認等に係る端末等の導入、②ネットワーク環境の整備（既存のオンライン請求の回線を活用）、③レセプトコンピュータ等の既存システムの改修（デジタルの資格情報等の取込み）、④セキュリティ対策を講じる必要があると書かれています。

情報をやりとりするネットワークについては、既存のオンライン請求の回線を活用せよが、厚生労働省の考えのようです。しかし、同資料によれば、レセプト請求のオンライン化率（2018年12月診療分／2019年1月請求）は医科病院や薬局が97％なのに対し、医科診療所は65％であり、歯科に至ってはわずか17％に過ぎません。歯科医院の多くは、レセプト請求のオンライン化から始めなければなりません。

厚生労働省は、2019年にオンライン資格確認や電子カルテ等の普及を目的に予算300億円を使って医療情報化支援基金を創設していましたが、オンライン資格確認の導入に向けた医療機関・

薬局のシステム整備の支援を行うとして、２０２０年度予算で７６８億円を基金へ積み増していいます。では、実際にどこまで補助されるのでしょう。

社会保険診療報酬支払基金が２０２０年7月初旬に開設した「オンライン資格確認・医療情報化支援基金関係　医療機関等向けポータルサイト」からは、「医療機関・薬局向けオンライン資格確認導入の手引き」がダウンロードできます。これによると、医療機関・薬局への補助対象は、①マイナンバーカードの読取・資格確認等のソフトウェア・機器の導入、②ネットワーク環境の整備、③レセプトコンピュータ、電子カルテシステム等の既存システムの改修等にかかる費用です。補助は全額ではなく、病院については、事業額の２分の１が補助され、上限額は顔認証付きカードリーダー１台を導入する場合は１０５万円、２台の場合は１００・１万円、３台なら95・１万円とされています。大型チェーン薬局も２分の１が補助されますが上限は21・４万円です。それ以外の薬局や診療所については事業額の４分の３が補助され、上限は32・１万円です。一方、顔認証付きカードリーダーについては、全ての医療機関・薬局へ無償提供されます――なぜ、顔認証機能が必要なのかについては後述。補助額が妥当であるかどうかは別にして、導入経費に補助が出たとしても、システムには維持費や更新費用もかかり続けます。医療機関等は、こうした負担に果たして耐えられるのでしょうか。なお、補助金の申請期限は、政府が「概ね全ての医療機関等での導入を目指す」としている２０２３年の６月30日となっています。

厚生労働省はオンライン資格確認導入にあたって「セキュリティ対策を講じる必要がある」としていますが、医療機関等が講ずべき対策は、セキュリティシステムの整備だけに留まりません。マイナンバーカードの取り扱い方や、誤操作や悪意による個人情報の漏洩、外部からのハッキングによるデータの書き換えなどに備えた従業員教育等も、今まで以上に行う必要が生じ、これらも負担となります。

以上のように医療機関に過度な負担を強いることになる可能性がある一方、オンライン資格確認の実施により医療機関にもたらされる〝益〟はどの程度見込めるのでしょうか。先にも紹介しましたが東京保険医協会によれば、一般の診療所では過誤請求は年間せいぜい数件程度です。政府からは〝益〟について、未だ具体的な話は示されていません。

■新型コロナで医療機関は経営危機なのに

新型コロナウイルスの流行拡大によって、医療機関の経営が危機に瀕しているという問題もあります。多くの人が受診を控えたり、医療機関側が受け入れを制限したりしたことにより、患者数が激減し、収入である診療報酬が減っています。NHKは「新型コロナ影響で患者激減の医療機関　経営面の影響深刻に」（2020年6月22日）と題したニュースの中で、宮城県保険医協会が4月から5月にかけて200余りの医療機関に対して行ったアンケートによれば、6割以上の医療機関が「収入が10％以上減少した」と回答したと報じています。

感染者数が最も多い東京でも事態は深刻です。東京保険医協会が6月に行ったアンケートによれば、前年同期と比較したところ、一般診療所の90・0％で外来患者数が減少し、89・6％で保険診療収入が減少しています。また、約6割の医療機関で、外来患者数と保険診療収入が3割以上減少しており、外来患者数と保険診療収入が5割以上減少している医療機関が2割を超えています。

「京都新聞」（2020年7月2日）によると京都民主医療機関連合会は同日、京都府庁で記者会見を開き、新型コロナウイルスの影響で医療機関の経営が厳しい状況に陥っていると訴えるとともに、地域医療の維持に向け、国による支援を求めました。記事は「全日本民医連が5月に実施したアンケートによると、全国133医科法人の8割に当たる108法人が『このまま有効な財政支援がなければ資金が枯渇する』と回答」しており、「京都民医連の松田貴弘事務局長は『医療の使命を果たしたいが、このまま続けられるか分からないのが現状だ』と述べ（た）」としています。

感染患者を受入れた病院は特に深刻なようです。日本病院会、全日本病院協会、日本医療法人協会が、加盟病院を対象に実施した4月から6月の経営状況調査（2020年8月6日公表）によれば、病院全体の6割超が赤字のうえ、感染患者の入院を受入れた病院、外来や病棟の一時閉鎖に至った病院に限ればおよそ8割が赤字となっています。日本病院会などは「適切な対応がなされない場合、地域医療を支える病院が経営破綻し、新型コロナウイルス感染症対応が不可能になるのみならず、地域医療が崩壊する危険性すらある」と警告しています。

このように医療機関の経営危機が進行し、その存続さえ危ぶまれる中で、新たな負担を強いることになるオンライン資格確認は、果たして計画通りに進めるべきものなのでしょうか。オンライン資格確認や、その前提となるレセプト請求のオンライン化に対応するぐらいなら、廃業の道を選ぶとする診療所や歯科医院も出てくるでしょう。こうした不要不急の事業に多額の予算を使うのではなく、地域医療を維持するためにこそ使うべきではないでしょうか。

■医療現場の混乱は必至

第三に、従来の健康保険証との混在により医療機関等の窓口で混乱が生じる可能性です。先に厚生労働省は健康保険証を廃止する方針であるとしましたが、少なくとも概ね全ての医療機関等でのオンライン資格確認が可能となる2023年3月末までは健康保険証は存在します。2021年3月からの2年間――計画通りに進まなければこの期間はさらに長くなります――は、移行期として従来の健康保険証とマイナンバーカードが混在することになります。健康保険証を持参する者とマイナンバーカードを持参する者が混在すれば医療機関等の窓口での手続きや事務処理が煩雑になり、受診者と医療機関等の職員の間で様々なトラブルが生じるであろうことは、火を見るよりも明らかです。また、医療機関等の中に、マイナンバーカードが使えるところと、使えないところがあることもトラブルの原因となるでしょう。

第四は、オンライン資格確認に利用する電子証明書の有効期限の問題です。電子証明書の有効期限は発行日から5回目の誕生日までであり、引き続き電子証明書を使うには、市役所等に出向いて更新する必要があります。しかし、マイナンバーカードのICチップに公的個人認証の電子証明書が記録されており、マイナンバーカードを使ったサービスを利用し続けるには、その更新が必要だと知っている人はそれほど多くはないでしょう。マイナンバーカードの交付が始まったのは2016年1月ですから、2020年以降、期限切れが続出すると予想されます。しかも交付されたマイナンバーカードの約4割は高齢者が持っていますから、電子証明書の更新が問題なく進むとは到底考えられません。

もし電子証明書の更新が進まなければ、医療機関等のカードリーダーにマイナンバーカードをかざしても健康保険証として認識されず、困り果てる受診者が連日のように発生し、窓口は大混乱することになります。マイナンバーカード表面には二つの有効期限が記載されています。一つはマイナンバーカードの有効期限で、こちらはカードがJ－LISで発行される際に印字されています。もう一つは電子証明書の有効期限で、こちらは市役所などの窓口で公的個人認証の電子証明書の交付を受ける際に手書きされます[46]。有効期限は、カードは発行日から10回目の、電子証明書は5回目の誕生日までと異なっています。医療機関等の窓口で「有効期限切れだ」と言われた人たちは、二つの期限の違いをどこまで正しく理解できるのでしょうか。医療機関等の職員は充分に説明できるのでしょうか。あとから付け加えた手書きの期限が「優先」されるのはおかしいと言われるかも知れませんし、手書きであるため擦れて見えなくなっているかも知れません。

第五に、鍼灸院や接骨院、整骨院で受ける施術の中には健康保険の適用が受けられるものもありますが、これらの施設は医療機関ではないためオンライン資格確認の対象外となっています。こうした施設を訪れた利用者がマイナンバーカードを健康保険証の代わりに提示しても資格確認ができず、本来適用が受けられる施術であっても健康保険の適用を受けられなくなってしまう可能性があります。しかし、厚生労働省のウェブサイトにはこうした施設への対応策は全く見当たりません。今後、厚生労働省が「将来的に保険証の発行を不要としてマイナンバーカードのみの運用への移行を目指していく」のなら鍼灸院や接骨院、整骨院での健康保険の利用は事実上不可能となります。

また、老人介護施設等でも入所者の健康保険資格を確認することが必要な場合が多々あります。

しかし、介護施設は医療機関ではないのでオンライン資格確認が実施される可能性は今のところゼロです。訪問看護ステーションですら対象外とされています。介護施設の中には健康保険証を預かっているところもありますが、マイナンバーカードを預かることはできません。また、預かったところで保険資格の確認はできませんから全く意味をなさないことになります。こうした点から見ても、政府が進めるマイナンバーカードによるオンライン資格確認は、現実の社会に立脚していない馬鹿げた政策だといえます。

第六の問題は、オンライン資格確認が常に問題なく稼働するのかです。今日、日本では風水害や地震などの災害が多発しており、被災地域における停電や通信回線の途絶は決して珍しくありません。たとえ医療機関等が無事であっても、停電により電力供給ができなくなったり、通信回線がどこかで切断されたりすれば、オンライン資格確認はたちまちできなくなります。災害時に健康保険の資格確認をいちいち行う必要があるのかという根本的な議論ももちろんありますが、少なくとも現在の健康保険証であれば、停電していても目視で資格確認を行うことはできます。

そう遠くない時期に、東海、東南海・南海、首都直下などの大規模な地震が起きる可能性が高いと想定されている中で、電力や通信などのインフラに支障がないことを前提としたシステムを、多額の費用を使ってまで構築することは、政策の方向として大きく間違っていると言わざるを得ません。

45 厚生労働省「平成29年（2017）患者調査の概況」によると、調査日に全国の医療施設（病院、一般診療所、歯科診療所）で受療した外来推計患者数719万人のうち約半数の364万人が65歳以上の高齢者です。

46 J－LISのマイナンバーカード総合サイト内のQ＆Aには「〈電子証明書の有効期限〉 カード表面の電子証明書の有効期限欄

には印字されておりません。市区町村窓口で記入してもらうか、有効期限を確認の上、ご自身で記入してください」と書かれています。

3 健康保険証と顔認証

■健康保険証として使うには「初回登録」が必要

マイナンバーカードを健康保険証として使うには、医療機関等に行く前に国民等は自らマイナポータルで初回登録をしなければなりません。初回登録が必要なのは、マイナンバーカードの利用者用電子証明書の発行番号と個人単位化された被保険者番号とを紐付けるためです。初回登録が済めば、医療機関等の窓口に設置されたカードリーダーにマイナンバーカードをかざすだけ――パスワードは必要なし――で、電子証明書の発行番号をもとに支払基金・国保中央会から健康保険の資格に関する情報が医療機関等に伝わります。一旦、紐付けられれば、電子証明書の更新により発行番号が変わっても、J－LISが発行番号を履歴管理していますから、あらためて初回登録をする必要はありません。

2020年8月7日から、マイナポータルでの初回登録――「健康保険証利用の申込」「事前登録」と表記――が始まりました。登録にはパソコンとICカードリーダー、またはICカード読取り機能を備えたスマホが必要です。これらを使ってマイナポータルにアクセスし、登録をするのですが、その際にはマイナポータルを利用するためのアプリケーションソフトをインストールしなければなりません。

インストールが問題なく済めば、マイナポータルの案内に従って、利用者用電子証明書の4桁のパスワードを入力し、電子証明書の発行番号を読み取らせることで、発行番号と被保険者番号の紐付けのための準備が整います。紐付け自体は、オンライン資格確認を行うシステムが自動的に行いますので、被保険者番号を本人が入力する必要はありません。

果たして、こうした作業を誰でもが簡単に行えるのでしょうか。パスワードを覚えていなければ初回登録はできません。うろ覚えや当てずっぽうで入力し、3回連続で間違ってしまうとロックがかかり、電子証明書は使えなくなります。市役所等に出向きロック解除と再設定をする必要があります。また、覚えていたとしても、パソコンやスマホにアプリケーションソフトをインストールする難関があります。高齢者を中心に登録できない人がたくさん出て来ることになるでしょう。

■受診時にも毎回、顔認証で本人確認

では、初回登録をしないまま医療機関にマイナンバーカードを持参した場合はどうするのでしょうか。初回登録は必ず必要なので、医療機関の窓口で行うことになります。ただし、その際には電子証明書のパスワードの入力は求められず、マイナンバーカードのＩＣチップに記録されている顔写真データと、マイナンバーカードを持参した受診者の顔とを比較する顔認証により本人であるか否かを確認し登録することになります。医療機関窓口に設置されるカードリーダーに顔認証機能が必要なのはこのためです。

しかし、顔認証を求められるのは初回登録をしないまま医療機関にやって来た受診者だけなのかというとそうではありません。厚生労働省は、受診の際には毎回、顔認証による本人確認を実施す

るとしています。これは健康保険証が本人になりすました他人によって利用されるのを防ぐためでしょう。しかし、顔認証の認識率は１００％ではありません。本人であるにもかかわらず他人と判断されたり、他人なのに本人だと認識されたりするエラーは避けては通れません。たとえエラー率が１％だとしても１０００人が訪れる医療機関だと毎日10人にエラーが出ることになります。

当然ですが、子どもも生まれると健康保険を利用しますから、出生まもない時期に撮影した写真を使って、扶養者はマイナンバーカードの交付申請をしなければならなくなります。しかし、赤ん坊の写真が貼られたマイナンバーカードによる顔認証は、5歳の誕生日を迎えるまで、本人に間違いないと判別してくれるのでしょうか。なお、顔認証が困難な場合や、したくない場合は電子証明書のパスワードを医療機関等の窓口に置かれたカードリーダーに入力することで本人確認を行うこともできます。ただし、この場合も3回連続で間違うとロックされ、健康保険証としての利用は不可となります。

もし、医療機関等がオンライン資格確認はしたいが、顔認証はいろいろ問題がありそうなのでやらないとした場合はどうなるのでしょうか。厚生労働省保険局医療介護連携政策課作成の「『医療提供体制設備整備交付金実施要領』に関するＱ＆Ａ」（２０２０年7月3日）には、「顔認証付きカードリーダーを導入しない場合は、オンライン資格確認のシステム改修に要する費用等を含め、全て補助金の交付対象外となります」とあります。いわゆる兵糧攻めです。厚生労働省は、何が何でも顔認証を実施したいようです。

■医療機関等ではマイナンバーカードは預からない

厚生労働省は、顔認証機能においてエラー表示が出た場合には、職員の目視による確認で認証の処理を行うとしています。しかし、その際にトラブルが起きる可能性をさらに大きくする別の問題があります。それは、政府が「医療機関等ではマイナンバーカードは預からず」との考えを「マイナンバー利活用方針」で示していることです。「預からず」では、マイナンバーカードに記載されている小さな顔写真と本人とを比較するのは難しいでしょう。老齢や障害等によりマイナンバーカードをカードリーダーにかざすことが困難な場合はどうすれば良いのでしょうか。職員は介助や代行を一切してはならないのでしょうか。政府の方針通りに「預からず」を貫くならば、窓口での混乱は避けられないでしょう。

ところで、医師や薬剤師、看護師などの医療関係者は患者の個人情報を守ることが義務づけられており、医療機関等は診療や投薬などに関わるセンシティブな個人情報を常日頃から扱っています。マイナンバーカードを預かることは、こうした個人情報を扱うこと以上に危ないのでしょうか。政府は2019年の夏から、「マイナンバーカードは安全です」「マイナンバーを見られても悪用は困難」などとする安全キャンペーンをはじめています。「医療機関等では預からず」と明らかに矛盾しています。預けるのが危険だというのなら、どう危険なのかを政府は「安全キャンペーン」と矛盾しない形で、具体的に説明すべきでしょう。もし、マイナンバーカードを本人以外に触らせることは、どうあっても危険だと政府は考えるのなら、これまでしてきた国民への説明に反している「安全キャンペーン」のような姑息なことはやらずに、マイナンバーカードを使ったオンライン資格確認自体をやめるべきです。

■欧米で広がる顔認証への危惧

「日本経済新聞」（2019年5月16日）は、アメリカのサンフランシスコ市が「顔認証技術を行政機関が利用することを禁じる条例案を可決した。顔認証には『行政による監視につながる』と市民団体などが反発している」と報じています。また、独立行政法人日本貿易振興機構の「ビジネス短信」（2019年6月6日）は「同条例を提案したアーロン・ペスキン市議会議員らは条例案本文で、『監視技術は歴史的に特定の人種や特定の民族、宗教、出身国などで構成されるグループを脅かし、虐げるために利用されてきた。市民の権利と自由を脅かす顔認証技術の傾向はその利益とされるものを上回り、人種的偏見を悪化させる』と記述している」と報じ、「このような顔認証技術を規制する動きは、他都市でも起こっており、サンフランシスコの東側対岸に位置するオークランド市のほか、マサチューセッツ州の市レベル（サマビル市）と州レベルでも、同様の条例案・州法案が議論されている」としています。

この記事の1年後の2020年6月24日、マサチューセッツ州の州都であるボストン市の市議会は全会一致で、市による顔認識技術の使用を禁止することを決議しました（アメリカのオンラインニュース“BUSINESS INSIDER”2020年6月25日）。これにより、市職員が顔認識技術を利用したり、第三者にこの技術の利用を依頼したりすることはできなくなりました。

顔認証を規制する動きはアメリカだけではありません。「日本経済新聞」（2019年8月23日）は

「欧州連合（EU）は欧州市民に対する無差別な監視を一掃するため、顔認証技術の利用を厳しく制限する方法を検討している」と報じています[47]。また、同紙は「公共の場で監視技術の利用が広がるにつれ、規制当局の注目が顔認証技術に集まるようになっている。……スウェーデンのデータ保護当局は21日、顔認証技術を試験的に使用して生徒の出欠を確認していた学校に罰金を科した。監視カメラを使用して生徒のプライバシーを侵害したとされたためで、GDPRに基づいて科された初の罰金は20万スウェーデン・クローナ（約220万円）」だったとしています。

また、イギリスの「ガーディアン」（2020年8月11日、英語電子版）は、同国の控訴裁判所が、サウスウェールズ警察による顔認証技術を使った人物照合を、欧州人権条約の第8条「全ての者は、その私的および家族生活、住居ならびに通信の尊重を受ける権利を有する」に反しているなどとして、違法だとする判決を同日、下したと報じています。なお、サウスウェールズ警察が2017年から使っている顔認証システムは、日本のNEC社製の「NeoFace Watch」です[48]。

顔認証に対するこうした動きはIT業界にも広がっています。BBCのオンラインニュース（2020年6月11日付、英語版）は「IBMは今週、『大衆監視や人種によるプロファイリング』に使われている顔認識ソフトの提供をやめると表明した」と報じています。警察に顔認証技術――AIを利用して、警察官がスマホで撮影した画像と、警察データベース内の何十万人もの写真を瞬く間に対比させる――を提供してきたアマゾン社も、「私たちは顔認識技術の倫理的な使用に関して、より強力な規制を政府に提唱してきた」として、今後1年にわたって提供をやめることを表明しています。記事は「ほとんどのアルゴリズム（結果を得るための計算手順：引用者注）は白人の顔よりも黒人や他のマイノリティの顔を誤って識別する可能性が高いことが研究で示されています」としています。

記事にある研究の一つは、マサチューセッツ工科大学が2019年に行ったもので、「マイクロソフト、アマゾン、IBMの顔認証システムに肌色が濃い人々の男女を識別させたところ、どれも100％正確とは言えなかった」（2020年6月9日、BBCの英語電子版）としています。アメリカ国立標準技術研究所が行った研究でも「顔認識アルゴリズムは、白人の顔と比べて、アフリカ系アメリカ人やアジア人の顔を識別することにおいて、はるかに不正確であること」が明らかになっています。言うまでもありませんが、日本で健康保険証を利用する人たちのほとんどはアジア人です。

■顔認証が日常生活に浸透する中国

一方、およそ人権が尊重されているとは言いがたい中国では顔認証が、日常生活の場において盛んに使われ、その利用が様々な場面へと拡大し続けています。「日本経済新聞」電子版（2019年10月25日）は、コンビニのセブンイレブンでは2019年5月から、「広東省など中国南部を中心に顔認証で決済ができる店舗整備を進め、現在約1千店舗で利用が可能となった」としています。「レジに置かれたタブレット端末に自分の顔を映せば、一瞬で支払いが完了する。スマホの専用アプリに事前に顔写真を登録しておくだけで利用できる仕組み」だそうです。

また、AFP通信電子版（2019年11月3日）は「顔認証技術で乗客を分類し安全チェック、北京地下鉄で実施へ」と題した記事で、北京市軌道交通指揮センターの主任の「今後は乗客の分類基準と人の顔のデータベースを作り、顔識別システムで乗客を分別し、情報を監視員に転送し、状況に応じてさらなるセキュリティーチェックを実施する」との話を紹介しています。

さらに、杭州市のある高校では生徒を30秒ごとにスキャンする顔認証システムが導入されています。「生徒の表情を記録し、幸せ、怒り、恐怖、困惑、興奮の5項目に分類」するとともに、「書く、読む、手をあげる、机で寝るなど、生徒の行動も記録」されており、「生徒の顔は、学生食堂で昼食代を支払うときや図書室で本を借りるときにも使われ」ます（"BUSINESS INSIDER"２０１８年５月23日）

ジャーナリストの高口康太氏は「近年では、日本の社会に限ってみても、テクノロジーがもたらす利便性に対し肯定的な人々が、中国におけるテクノロジーの社会的実装のすばらしさや、そこから派生するビジネスの面白さに魅せられる、という現象があちこちで生じているように思います」と指摘しています[49]。（株）大阪メトロ（大阪市営地下鉄であったが２０１８年４月に民営化）は、２０１９年12月から顔認証を用いた次世代改札機の導入に向けた実証実験を同社の社員を対象に一部の駅で始めています。同社は２０２４年度までに１３３全ての駅に顔認証によるチケットレス改札の導入を目指すと言います。さらに、新型コロナウイルスの感染拡大を受けて、顔認証と体温測定を同時にできるシステムが開発され、早くも校内や寮に導入する学校が複数出て来ています。今後、批判的な検討がなされることなく、便利だ、効率的だとして、ずるずると様々な分野に拡大していく可能性があります。

ところで、顔認証が抱える問題点は、欧米で問題視されている「間違うこともある」だけではありません。顔や指紋、掌紋、声紋、光彩、DNAなど身体に備わった個人的特徴である生体情報（バイオメトリックス）をデータ化（数値化）し、これを使って本人確認をする手法を生体認証といいます。こうした生体認証には解決不可能とも言える根本的な問題があります。それは取り替えがきかないことです。

IDやパスワードなどが漏れたり盗まれたりした場合、別のものに交換することができます。住民票コードもマイナンバーも別の番号を再発行することが可能ですし、電子証明書のパスワードも変更できます。しかし、生体情報は盗まれたからといって別のものと交換することはできません。指紋や掌紋、声紋などは不正取得されないよう隠すことはある程度可能かも知れませんが、顔のデータを隠すことは生活をしていく上でまず不可能です。こうした交換不可能な生体情報を、他の手段があるにもかかわらず、厳密な本人確認が必要とも思えない健康保険証の利用や地下鉄乗車、クレジットカードやポイントによる支払いなど際の本人確認に〝便利〟――例えば、財布からカードを出さなくて済む程度の――だからといって安易に使うべきではありません。

にもかかわらず政府は、オンライン資格確認にマイナンバーカードを活用した顔認証をわざわざ導入しようとしています[50]。そこまでしないといけないほど、他人の健康保険証を使った不正行為は流行っているでしょうか。厚生労働省のウェブサイトには不正使用に関する情報は見当たらず判断のしようがありません。私たちは、今後、医療機関に行く度に顔認証されることになり、顔認証に違和感を覚えなくなるかも知れません。オンライン資格確認は日本社会に顔認証を浸透させるうえで大きな役割を果たすことになるでしょう。果たして日本社会はどこへ向かうことになるのでしょう。

47　EUは、公共の場での顔認識の使用を最長5年間禁止することを検討しているとの報道もありましたが、2020年2月に明らかにしたAI規制についての白書では、顔認識については、どのような場合に利用が認められるかを幅広く議論することを求めるに留まったようです。

48　欧州人権条約は1950年に作成され1953年に発効した条約で、欧州評議会（1949年発足）に加盟しているEU諸国やロシア、トルコなど47カ国が批准しています。なお、NECの2017年7月11日付のプレスリリース「NEC、英国サウス・ウェールズ警察に顔認証システムを提供」は「専用の警察車両に設置したカメラに映った人物と、監視リストに登録された容疑者や要注意人物、行方不明者など計50万枚の写真をリアルタイムに照合し、高速かつ高精度に人物の特定が可能です」としています。

49　梶谷懐・高口康太、前掲書。

50　サウスウェールズ警察や中国の地下鉄、大阪メトロの実験などで行われている顔認証はカメラで撮影した顔と、警察や地下鉄会社が管理しているサーバーに記録されている顔データとを照合しています。一方、日本の健康保険証の顔認証はマイナンバーカードのICチップに記録されている顔のデータとの照合ですから、方式は異なります。

4　まだまだある問題点

■短期被保険者証や資格証明書の乱発も

マイナンバーカードを使ったオンライン資格確認が実施されることにより危惧される点はもう一つあります。国民健康保険において保険料を滞納すると健康保険証の代わりに有効期間の短い短期被保険者証や、かかった医療費の全額を窓口で一旦支払うことが求められる資格証明書が交付されます。短期被保険者証や資格証明書の交付の際には健康保険証の返却が求められるので、滞納者は市役所などに出向き、国民健康保険の担当者と面談をすることになります。その際には納付に向けた相談だけでなく、生活状況などによっては生活保護の申請も含め生活相談も行われることもあります。

厚生労働省「平成30年度国民健康保険（市町村）の財政状況について（2020年7月22日）」によれば、2019年6月1日現在、短期被保険者証交付世帯は62・1万世帯（国保加入世帯の3・5%）、資格証明書交付世帯は15・1万世帯（同0・8%）に交付されています。

マイナンバーカードが健康保険証になれば、市役所などで職員がパソコンを使ってオンラインでいつでもマイナンバーカードを短期被保険者証や資格証明書に、滞納者と面談することもなく一方的に変更することが可能になると思われます。市区町村の中には、これ幸いと短期被保険者証や資格証明書を滞納者に対する制裁措置のように乱発するところも出てくるのではないでしょうか。厚生労働省によれば、2019年6月1日現在、保険料の滞納世帯が国民健康保険に加入している世帯全体の13・7％を占めています。こうした現状を打開するために、オンライン資格確認の活用策を、その構築に多額の予算を支出することの見返りとして、政府が今後、あらたに打ち出してくる可能性もあると見て良いでしょう。

医療機関の窓口で健康保険証の代わりに出したマイナンバーカードが、いつのまにか資格証明書に変更されており、全額自己負担と言われ、どうすれば良いのかわからず困り果て、診療を諦め重症化したり亡くなったりする人も出てくるのではないでしょうか。

資格証明証の交付が受診抑制を促すことはこれまでにいくつも報告されています。例えば全国保険医団体連合会（保団連）が2010年に示した報告「国保資格証明書を交付された被保険者の受診率の調査結果（2008年度、2009年度）について」は、推計に基づき、「資格証明書による受診率は、調査を開始した2003年度から連続して低下していることが判明。2008年には一般被保険者の61分の1になり、2009年には一般被保険者の73分の1になっている」としています。すなわち健康保険証を持っている人が1年間に病院や診療所に73回通うとすれば、資格証明書しか持たない人は1年間に1回しか行かないというのです。すさまじいばかりの受診抑制です。

マイナンバーカードを使ったオンライン資格確認は、資格証明書交付を容易化することで受診抑制を促すことになり、命に関わる問題を引き起こす可能性があると見て間違いないでしょう。

■QRコードによるオンライン資格確認の可能性

マイナンバーカードを健康保険証として使ったことで、医療情報がマイナンバーカードのＩＣチップに記録されたり、マイナンバーと紐付けられたりするようなことはありません。医療情報をマイナンバーに紐付けるのは、医療等分野の識別子です。マイナンバーカードを健康保険証として使わせるのは、あくまでも公的個人認証の電子証明書を利用したオンライン資格確認を実現するためです。

では、マイナンバーカードの電子証明書を使わないとオンライン資格確認はできないのかというとそんなことはありません。厚生労働省は「健康保険証とマイナンバーカードのどちらでもオンラインで資格確認ができる」が、健康保険証の場合は記号番号等の入力が必要となるとしています。もしも、医療機関で被保険者番号を入力するのが手間だ、間違うと困るというのなら、例えばQRコードを健康保険証に印字しこれをバーコードリーダーで読み込む方式を採用すれば済む話です。

2018年12月6日の社会保障審議会医療保険部会では、委員の一人である松原謙二・日本医師会副会長は「健康保険証自体に例えばQRコードをつければ簡単にできます。ほとんどの金額がかからずに健康保険証にデジタル化したデータが載せられます。協会けんぽさんもその方向でされていると思いますし、国保さんもそのような方向でやっておられると思うので、エマージェンシーのときにいつでもQRコードでそれが読み取れるような形にしていただきたい。券面のところにQRコードを1個つければ簡単にできます」と述べています。

こうした真っ当な指摘がよほどこたえたのか、厚生労働省は「QRコードを付して被保険者番号等の読み取りを可能とする方法について、これまで保険者、医療関係者から要望意見があった」とし、QRコードの利用は「被保険者番号等の読み取りを可能として、手入力による誤入力を防止できる」と認めつつ、次のように反論しています[51]。

・QRコードを付した保険証の発行（再発行が必要）を全保険者に義務付けることは難しい。
・将来的に保険証の発行を不要としてマイナンバーカードのみの運用に移行を目指していく中で、円滑な移行にマイナスの影響が生じる可能性がある。QRコードを付した保険証の発行コストに対する効果を精査する必要がある。
・国においてQRコードにかかる統一的な様式を示す必要がある。

およそ真面目に検討したとは言いがたい返答です。全ての医療機関等に顔認証カードリーダーを設置させマイナンバーカードによるオンライン資格確認を短期間に実現し、従来の健康保険証の廃止をも目指すことができる巨大な力を持つ厚生労働省や国が、なぜQRコード付きの保険証の発行を求めたり、統一的な様式を示したりすることができないのでしょうか。到底理解できない話です。またQRコード付きの保険証の発行コストを問題にするのなら、マイナンバーカードによるオンライン資格確認のコストはどうなのでしょう、精査したのでしょうか。結局のところ「保険証の発行を不要としてマイナンバーカードのみの運用に移行」することを決めてしまったので、よりよいアイデアが出てきたとしても、今さら後戻りはできないということなのでしょう。こうした始めたからには、たとえ問題点が見えてきたとしてもトコトン突き進もうとする政府の姿勢は、アベノマスクの配布だけでなく、マイナンバーやマイナンバーカードに関わる様々な政策にも共通しているように思えてなりません。

オンライン資格確認を実現するにしても、マイナンバーカードの電子証明書を使わなければならない必然性はないのは明かです。健康保険証に記載された被保険者番号を医療機関等の職員が端末に入力する方式、とりわけＱＲコードを利用する方式の方が、医療機関等や受診者への負担も、窓口で混乱が起きる可能性もはるかに小さく、簡単で安上がりに実現できるのは明白です。

■被保険者番号の告知要求を制限

２０１９年５月15日の健康保険法の改正により、オンライン資格確認の開始に伴い、個人単位化する被保険者番号について、個人情報保護を理由に健康保険事業に関わる目的以外で告知を求めることが禁止（告知要求制限）されることになりました。現在、健康保険証は社会生活の多くの場面で身分証明書（本人確認書類）として使われ、記号・番号等を記載した券面のコピーや、記号・番号等を控えることも一般に行われています。また、マイナンバーを給与支払者等に提供する際の本人確認書類としても使われています。しかし、被保険者番号の告知要求が制限されれば、マイナンバーの提供時も含め、身分証明に困難を来す人たちが多数生まれることになり、マイナンバーカードを取得せざるを得なくなります。

では、禁止をする具体的な理由は何なのでしょう。政府からは被保険者番号の漏洩によって、具体的にどのような危険が生じるのかの説明は一切ありません。マイナンバーカードも健康保険証も持たずに医療機関にやって来た者が、他人の被保険者番号を告げてなりすますことは不可能なので、こうした場面での不正利用はまず考えられません。では、被保険者番号を医療等分野の識別子に使うことから、漏洩すれば医療情報が不正に取得される可能性があり危険だと政府が考えているのでしょうか。もしそうであるなら、もともと「医療等分野の識別子（ＩＤ）については、セキュリティの観点から、書面への書き取りや人を介在した漏えいを防止するため、電磁的な符号（見えない番号）を用いる仕組みが適当である」と、２０１５年の時点で「医療等分野における番号制度の活用等に関する研究会報告書」において指摘されていたのですから、原点に戻って被保険者番号を医療等分野の識別子として使わないようにするのが筋でしょう。

また、先に述べたように老人介護施設などの中には入所者の健康保険証を預かっている施設もあるのですが、告知要求制限により、今後はマイナンバーカードだけでなく、健康保険証さえ預かることができなくなる可能性があります。現場を見ない、見ようとしないまま進められるオンライン資格確認の導入による現場の混乱は、果てしなく広がっていきそうです。

ここまで読み進めて来たみなさんは、これほどまでに問題が多く、人々も望んでいないマイナンバーカードの健康保険証化を、なぜ政府は執拗に進めようとしているのか、その本当の狙いは何なのかを知りたいと思います。筆者も同じなのですが、どう頭を絞ってもマイナンバーカードを全ての国民等に持たせたい以外にはあるとは思えないのです。医療や健康に関わる情報の収集が目的だと思われる方もいるかも知れません。しかし、繰り返しになりますが、そうした役割を果たすのは「医療等分野の識別子」です。マイナンバーカードが健康保険証になっても、医療や健康に関わる情報が新たに収集されるわけでも、マイナンバーと紐付けられるわけでもありません。

51　厚生労働省保険局医療介護連携政策課保険データ企画室「オンライン資格確認等システムに関する運用等の整理案（概要）（令和元年６月版）」

第7章

身分証明書としてのマイナンバーカード

1　強まるマイナンバーカード取得への圧力

■共済組合を通じ、公務員に取得を強要

「骨太の方針2019」には「マイナンバーカードの健康保険証利用を進める」ため、「保険者ごとに被保険者の具体的なマイナンバーカード取得促進策を速やかに策定するとともに、国家公務員や地方公務員等による本年度中のマイナンバーカードの取得を推進する」と書かれています。「骨太の方針2019」が閣議決定された1週間後の6月28日には、早くもこの方針を受け総務省自治行政局公務員部福利課長から地方職員共済組合等に向け「地方公務員共済組合の組合員及び被扶養者のマイナンバーカード取得を計画的に推進することとしますので、御協力をお願いします」とする依頼文書が発せられました。依頼の内容は、マイナンバーカード交付申請書に各組合員等の氏名・住所・生年月日・性別を印字したうえで、被扶養者分も併せて組合員の所属部署へ送付することなどです。同課長からは各自治体に向け、地方公務員共済組合の組合員と被扶養者のマイナンバーカードの申請・取得状況（6月末時点及び10月末時点）を把握し報告することを求める文書も同じ日に発せられています。

一方、国家公務員へのマイナンバーカードの取得要請に関して「朝日新聞」（2019年11月25日）が「各省庁が全職員に対し、取得の有無や申請しない理由を家族（被扶養者）も含めて尋ねる調査をしている。内閣官房と財務省の依頼を受けたもので、氏名を記入して上司に提出するよう求めてい

る。調査を受けた職員からは、法律上の義務でないカード取得を事実上強要されたと感じるとの声が出ている」と報じています。

政府が国家公務員や地方公務員にマイナンバーカードの取得を急がせる理由は総務省の福利課長が発した文書を見るとわかります。そこには「マイナンバーカードの健康保険証利用に向けて、今後、官民挙げてマイナンバーカードの取得を促進していくなかで、交付申請件数が増加していくことも予想されます。公務員等の先行取得は、市区町村における交付事務を平準化させ、マイナンバーカードの円滑な交付に資する側面も持っております」とあります。健康保険証化により、今後、交付申請が殺到するだろうから、混雑を和らげるため公務員は先に取得しておけという話です。

マイナンバーカードの取得は国民の義務ではありません。国家公務員や地方公務員とその被扶養者にも取得しなければならない法的な根拠などは存在せず、早く取得しろと急がされる筋合いもありません。にもかかわらず取得依頼という形で、職場の職制を通じて事実上の強制を図るというのは番号法の趣旨に反しています。また、取得状況調査はたとえ申請しない理由を求めないとしても思想調査に等しいものであり決して許されるものではありません。

■「強制ではなく、あくまでもお願い」と総務省

日本自治体労働組合総連合（自治労連）は、2019年7月30日、「総務省による、事実上のマイナンバーカード取得強制に抗議する～公務員を政権の道具にすることは許されない」とする書記長談話を発表しています。談話は「①本来、カード取得は個人の自由であり義務付けはないにもかかわら

ず、職場を通じて勧奨すること、②立場の弱い入庁前の新規採用予定者や非常勤職員にまで勧奨すること、③共済組合の保有する個人情報を、本人の同意を得ることもなくカード申請書作成のために目的外使用すること、④被扶養者も含めたカード申請・取得の有無の調査は、内心の自由の侵害であること、など多岐にわたっている」と問題点を指摘しています。そのうえで、「7月18日に申請書印刷を決めた市町村職員共済組合連合会に印刷の撤回を要請し、連合会から『あくまで単位共済組合の印刷業者への委任にもとづき一括印刷を行うにすぎず、委任を行うかどうかは単位共済組合の自由であること』を確認」するとともに、「7月23日には総務省への要請を行い、共済組合からの個人情報提供や、職場を通じた申請書の配布・回収、申請・取得状況調査の撤回を求めた」とあります。

自治労連は、この23日の要請において、総務省からマイナンバーカードの取得は強制できるものではなく、あくまでもお願いであること、総務省の通知に従わない共済組合や自治体があっても不利益を及ぼさないこと、取得しない職員への不利益は生じないこと、取得状況の把握は同意し回答する人を想定していることなどの回答を得たとしています[52]。

では、公務員のマイナンバーカード取得状況は実際どうなっているのでしょう。2020年6月5日開催のデジタル・ガバメント閣僚会議の配付資料「マイナンバーカード及びマイナンバーの利活用の促進について」によれば、2020年3月末時点で、国家公務員は58・2%(うち本府省88・6%)、地方公務員等は一般行政部門34・8%、警察職員等70・8%、公立学校等21・4%となっています。2020年7月1日現在のマイナンバーカードの国民等全体に対する交付率は17・5%

ですから、公務員への取得押しつけは、ある程度の効果は出ているようです。しかし、公務員が全て政府の指示に唯々諾々と従っているわけではないこともこの数字からわかります。

国家公務員の本府省の取得率が高くなっているのは、マイナンバーカードが国家公務員の身分証（庁舎の入館ゲートを通過する際のパスとしても利用）として使われているからです。自治体では、徳島県が総務省出身の知事のもと、2017年6月から職員の身分証に使っています。また身分証ではありませんが、職員の出退庁管理に使うところも出てきています。新潟県三条市では同じく総務省出身の市長のもと、ほぼ100％の職員がマイナンバーカードを取得しているようです。また、愛知県豊橋市では2018年4月からマイナンバーカードと従前のタイムカードが併用される形で出退庁管理が行われています。ただし、豊橋市職員労働組合が強制となれば憲法違反ではないかと市当局を追及したことから、カードを持ちたくない職員の権利を保障したうえでの運用となり、取得は本庁勤務職員の6割に留まっています[53]。

民間では、総務省の資料「マイナンバーカードを活用したオンライン取引等の可能性について」（総務省自治行政局住民制度課、2020年4月）によると、TKC、NEC、NTTcom、内田洋行が社員証として使っているようです。全て国や自治体などの行政機関を顧客に持つIT関連の企業です。

■職場での押しつけと世論形成の行方

ところで、第5章でご紹介した「マイナンバーカード取得促進のための先進事例集」には、静岡県富士市で教諭・事務職員等を対象に小中学校で出張申請が実施されたことが書かれています。事例集には、2019年7月に開かれた小中学校校長会で「マイナンバーカードの普及及びマイナンバーの利活用の促進に関する方針」について説明したところ、市内43小中学校のうち37校から申し込みがあったと書かれています。総務省自治行政局からの依頼文書が発せられた後ですから、説明の中には健康保険証化の話も含まれていたでしょう。小中学校を巡回した時期は2019年8月から2020年1月で、実施当日（職員会議の日など）は、本人確認、交付申請書の記入、パスワード設定票の記載、顔写真の撮影と進んだようです。「できあがったカードは学校まで持参し交付」とあります。事例集には810人が申請に応じたと書かれていますが、「令和元年度静岡県学校基本調査」によると富士市の教職員は1517人ですから、半分以上が出張申請に応じたことになります。職場への出張申請は、総務省からの押しつけと相まって大きな力を発揮しているようです。

「朝日新聞」（2020年5月13日）は「山梨県甲州市と山梨市の消防を担う東山梨消防本部の総務課長が、マイナンバーカードを取得しなければ人事評価に悪影響を及ぼすという内容のメールを職員に送っていたこと」がわかったと報じています。4月下旬に送信されたメールには「6月までに申請済みの返信メールが来ない職員に対し、7月に最終面談を行い、12月の勤勉手当の勤務成績が良好でない職員に該当する恐れがあると言及。定期昇給が上がらない可能性が出てくる」と書かれていたようです。まさにパワハラですが、ここまで露骨でなくとも、同様のことが、なんとなく申請しないと不味いかなといった雰囲気を醸し出すことも含めて、多くの職場で起きているのではないでしょうか。

もう一つ気になることがあります。それは「公務員のくせにマイナンバーカードを持っていないのか」といった世論の形成です。神戸新聞（2020年3月7日）は「マイナンバーカード取得率　兵庫20％、全国4位」との見出しを掲げた記事の中で、「取得を呼び掛ける側の自治体職員ですら約4割しか持っていないという実態が明らかになった」と書いています。記事は「職員の取得状況についても調べたところ、南あわじ市は91・47％とほぼ全員が取得。佐用町も86・85％と高かった。取得率が50％を超えている自治体が13あった一方で、西宮、芦屋、宝塚市と稲美町の4市町は住民平均より職員の取得率が低く、推進するはずの行政側の意識の低さも目立った」（傍線は筆者）としています。住民サービスの担い手であり地方行政のプロである自治体職員ですら取得していないほどマイナンバーカードの必要性は乏しいというのではなく、政府が国民に取得を促しているのになぜ地方公務員は従わないのかといった論調です。今後、こうした世論作りが広がっていくかも知れません。

■広がるマイナンバーカード取得の強要

共済組合を利用し、職場や職制を通じて公務員にマイナンバーカードの取得を促す手法がうまく進むようであれば、政府は民間企業の従業員とその被扶養者に対しても、健康保険組合を利用した形での交付申請を強く押しつけてくるでしょう。マイナンバー利活用方針には「保険者から事業主、加入者等へのマイナンバーカード取得要請とそのフォローアップを行う」「厚生労働省は、各業所管官庁と連携し、関係団体等に対して積極的なマイナンバーカード取得促進と初期登録の推進などについて、継続的、かつ、きめ細やかに周知を図る」とあります。この文言は民間企業を対象にしたものです。

また、「全業所管官庁等を通じた計画的な取組と定期的なフォローアップ」として、「マイナンバーカードの普及と健康保険証利用に向け、全ての企業において必要な手続が円滑に進むよう、本年(2019年：引用者)7月に、全業所管官庁等の局長級会議を設置」し、「業所管省庁毎に、工程表等を作成し、各団体等への要請、説明会の開催、カード申請出張サービスの案内等を進めるとともに、定期的なアンケート調査等を通じて、マイナンバーカードの普及状況等のフォローアップ」を行うなどとしています。所管官庁から業界団体に圧力をかけ、時に業界や企業に取得を競わせ、雇用主から従業員にアンケートと称して「いつカードを申請するのか」「なぜ申請しないのか」と圧力をかけさせようというのです。

すでにこうした方針に応える形で、所管官庁から業界団体等に向け「マイナンバーカードの積極的な取得と利活用の促進について(協力依頼)」との文書が発せられ、業界団体から加盟団体に向けた〝お願い〟が促されているようです。例えば一般社団法人日本自動車車体工業会(会長：木村昌平・日産車体(株)取締役社長)は「経済産業省より、マイナンバーカードの取得促進について展開がありましたので、お知らせ致します」として、「各社の従業員に対し、マイナンバーカードの積極的な取得と利活用の促進について、呼びかけを行っていただきますよう、お願い申し上げます」としています。

マイナンバーカード取得は任意ですが、雇用主が国や業界団体の意向を尊重し、従業員に圧力をかければ、立場の弱い従業員は本人の意思とは無関係に取得せざるを得なくなります。これは事実上の強制と言えるでしょう。

厚生労働省は、市町村の国民健康保険担当部局にもマイナンバーカードの取得を促す依頼をしています。２０２０年2月に、被保険者証の更新時にマイナンバーカードの取得申請書等の同封や、マイナンバーカードの初回登録等の手続支援を依頼する通知を送っています(厚生労働省「オンライン資格確認等システムについて　参考資料　令和2年6月15日」)。

さて、本項の最後にツイッターに流れた職場でのマイナンバーカード交付申請の事実上の強要に関する投稿の一部を紹介します。ただし、アカウント名や投稿文の一部についてプライバシー保護などの観点から筆者が削除するとともに、若干の加筆も行っています。

「総務担当から毎月、マイナンバーカードの取得について意向調査に回答させられている。意向調査の回答も任意のはずなのに実質的な強制になっています」

「職場で取得の有無や申請しない理由を家族も含めて書かされた。未申請の者は今月中に申請を出すようメールが来た」

「通知カードが届いたときは申請しなくていいと言っていたからそのままでいたが、夫の職場から扶養家族は強制的に作れと言われている」

「親がお役所仕事というだけで、家族全員マイナンバーカードの申請を強制された。本人はともかく家族まで職を人質にして、増やさないといけない制度に意味があるのか」

「私の学校でも取得状況の調査が来ました。報道で国家公務員が家族の取得状況まで調査されていることは知っていましたが、ついに来たかという感じです。任意のはずなのにおかしい」

「職場でマイナンバーカードを取得しろというお達しが頻繁に来ていたから、渋々取ったが、職場の取得率は高くないため、会議で取得していない職員に罰則を設けることも考えるとなったらしい。任意のカードを強制的に取らせるのはおかしい」

「マイナンバーカード未取得者リストが職場にあり、該当する私も取得勧告というか強制されている」

52 佐賀達也（自治労連中央執行委員）「マイナンバーカード強制に反対する自治体労働者」『経済』2020年3月号所収。
53 佐賀達也、前掲書。なお、豊橋市の市長は国土交通省の出身です。

2　身分証明書としてのマイナンバーカード

■マイナンバーカードが運転免許証に？

マイナンバー利活用方針は、マイナンバーカードの利便性、保有メリットの向上、利活用シーンの拡大として、安全衛生関係各種免許、技能講習修了証明書、技能士台帳、大学等における職員証・学生証、お薬手帳、ハローワークカード、ジョブ・カード、教員免許状、運転経歴証明書、障害者手帳等などの各種カードなどとの一体化を図るとしています。

そして、ここに運転免許証も加わるようです。菅官房長官が、2020年6月23日のデジタル基盤WG第1回会合の後で行った記者会見を受けて「マイナンバーカードを免許証としても利用へ」（NHKニュース）、「マイナンバーカードと運転免許証を一体化する検討に着手」（時事通信）、「運転免許証などとマイナンバーカードの一体化を検討する。改革の工程表を年内に示す」（日本経済新聞）などとマスコミが報じ、そこまでやるのか、できるのか、やり過ぎじゃないかと話題になりました。

公表されているデジタル基盤WGの議事要旨には、会合の最後に菅官房長官が「マイナンバーカードの普及の加速、運転免許証をはじめとする各種免許証や国家資格証のデジタル化や、在留カードとマイナンバーカードの一体化……等の課題について、早急に論点を整理したうえで、有識者のご意見を伺いながら、年内に工程表を策定するとともに、できるものから実施していく旨を挨拶」したとあります。また、6月30日に開かれた第2回会合の配付資料「課題の整理」には、「マイナンバー制度の利活用範囲の拡大」として「各種免許・国家資格等：運転免許証その他の国家資格証のデジタル化、在留カードとの一体化、クラウドを活用した共通基盤等の検討」と書かれています。「運転免許証のデジタル化」が、運転免許証とマイナンバーカードの一体化を意味するのかどうかは、これらの文章からはまだ明確には読み取れませんが、運転免許証にする話自体は、今になって突然出てきたものではありません。２０１５年５月20日のＩＴ総合戦略本部マイナンバー等分科会に提出された「マイナンバー制度利活用推進ロードマップ（案）」には、２０１８年には運転免許証だけでなく、医師免許や教員免許とマイナンバーカードを一体化すると書かれていました。

■健康保険証化と同じ手法を使えば可能

政府の計画は、あれもこれもマイナンバーカードと一体化するものであり、とてもできそうにもない話のように見えます。確かに、免許や資格の情報をマイナンバーカードのＩＣチップに記録することができたとしても、カードの表面に全て記載することは不可能です。またＩＣチップに記録するにしても、いったいどのようにして行うのでしょうか。免許や資格を持っている者に、行政機関等にマイナンバーカードを持参させ、ＩＣチップに情報を記録させるのでしょうか。そんなことはどう考えても無理です。マイナンバーカードそのものに不安を持っている多くの国民が、唯々諾々と従うとは到底思えません。

ところが、マイナンバーカードの健康保険証化と同じ手法を使えば、比較的簡単に実現する可能性があります。すなわち、①免許や資格を確認する必要のある行政機関等の窓口にマイナンバーカードの電子証明書を読み取るためのカードリーダーを設置する、②確認をしたい人物のマイナンバーカードの電子証明書をカードリーダーで読み込ませる、電子証明書の有効性をJ－LISにオンラインで問い合わせ確認する、④有効であれば、電子証明書の発行番号をもとに免許や資格の情報を記録しているサーバーがその者の免許や資格の情報を探し出し、オンラインで行政機関等に回答する。

この手法であれば、国民がすでに保有しているマイナンバーカードのICチップに、行政機関等が情報を新たに記録する必要はありません。免許や資格に関する情報を記録するサーバーを整備し、カードリーダーを関係機関等に配布（スマホを利用するのならアプリケーションソフトを配るだけで済む）、そしてこれらを通信回線でつなげば、マイナンバーカードを様々な免許証などの代わりに利用することができるようになります。

健康保険証の場合は、初回登録で電子証明書の発行番号と被保険者番号を結び付ける必要がありました。運転免許証の場合、免許更新の際にマイナンバーカードを窓口に持参させれば、初回登録は比較的容易に実現できるでしょう。では、更新手続きがない免許や資格等の場合はどうすればいいのでしょう。

マイナンバーと電子証明書の発行番号はJ－LISのサーバー内で、紐付けられていますから、免許や資格等の情報とマイナンバーを紐付けてしまえば、発行番号と免許や資格等の情報をつなぐことができ、初回登録の必要はなくなるのではないでしょうか。免許や資格等の情報とマイナンバーを紐付けるには、社会保険庁（現、日本年金機構）が、加入者本人に求めることなく住民票コードを取得した方法に倣えば簡単かも知れません。社会保険庁は、２００６年頃から年金受給者の住所・氏名・性別・生年月日を地方自治情報センター（現、Ｊ－ＬＩＳ）に送り、住基ネットのサーバーと照合し、住民票コードを得る作業を続けました。第６回社会保障審議会年金事業管理部会（２０１４年11月28日）の資料３「社会保障・税番号制度への対応について（案）」によれば、２０１４年２月の時点で、日本年金機構はこの手法で「被保険者、受給権者、受給待機者等の約94％の住民票コードの収録」を済ませています。これが実現できたのは、ほとんどの年金加入者が、住民票通り、すなわち住基ネットのサーバーに記録されているとおりの住所・氏名・性別・生年月日を雇用主を介して日本年金機構に届けていたからです。

免許や資格等の場合もほとんどの人は住民票通りの住所・氏名・性別・生年月日を届けているでしょうから、同様の手法でマイナンバーを得ることができるのではないでしょうか。もちろん、その前に番号法を含め関係諸法の改正が必要です。しかし、現下の国会の状況が続く限り、それはさしたるハードルにはならないでしょう。最悪、本人に同意が求められないまま、本人が知らない間に、マイナンバーカードが、様々な免許証や資格の証明書の代わりになることもあり得ます。

■マイナンバーカードが教員免許状に

公的個人認証の電子証明書を使って、オンラインで免許や資格等を確認する手法は、筆者の妄想ではありません。教員免許で実現されようとしています。文部科学省は２０１９年度補正予算に計上された６億６９００万円の「教員免許管理システム開発費補助金」を使って、「都道府県教育委員会が保有する教員免許状原簿の情報を一元的に管理する教員免許管理システムについて、マイナンバーカードを利活用し、免許状管理事務の効率化、申請者の利便性を向上する仕組みを導入する」ための公募を２０１９年12月に行いました。対象は47都道府県ですが、実際には都道府県を経由してシステム開発をする民間事業者に渡ることになります。公募要領を要約すると次のようになります。

都道府県教育委員会が保有する教員免許状の授与や更新等の情報は、２００９年以降、教員免許更新制を円滑に実施することを目的に教員免許管理システムにより一元的に管理している。マイナンバー利活用方針は、教員を含む地方公務員によるマイナンバーカードの率先した取得を促すとともに、教員免許管理においてマイナンバーカードの活用を推進するとしている。方針に沿って、教員免許管理を行うためには、教員免許管理システムに対し、マイナンバーカードの持つ「公的個人認証」機能を活用した本人確認を可能とする仕組み及び免許状情報を保有者ごとに一括管理ができる仕組みを導入しシステムの機能強化を行う必要がある……。

文部科学省が公募説明会で示した絵（**図13**）を見ると、マイナンバーカードを使って資格確認する仕組みは、マイナンバーカードの健康保険証化の場合とそっくりです。教員は都道府県教育委員会の窓口で教員免許確認のためにマイナンバーカードをカードリーダーにかざすと、本人確認（顔認証？）と電子証明書の有効性確認が行われ、電子証明書の発行番号（絵ではカード情報）をもとに原簿データベースから免許状情報がたちまちのうちに引き出され、窓口に置かれたパソコンの画面に表

図13

マイナンバーカードの利活用に係る教員免許管理システムの機能強化

令和元年度補正予算額(案)　6.7億円

文部科学省

（文部科学省所管）

○ 概 要

都道府県教育委員会が保有する教員免許状原簿の情報を一元的に管理する教員免許管理システムについて、マイナンバーカードを利活用し、免許状管理事務の効率化、申請者の利便性を向上する仕組みを導入する。

○ 効 果

マイナンバーカード情報と免許状情報を紐付けることによって、次のことが可能

・マイナンバーカードの「公的個人認証」機能を活用することにより、免許状に関する手続き時の本人確認の精度が向上

・個人が複数の免許状を保有する場合においても一括管理が可能となり、確認作業等の事務の煩雑さを解消

・各種申請時に、住民票など本人確認に必要な書類の省略が可能となり、申請者の利便性が向上

【マイナンバーカードを利活用した教員免許管理のイメージ】

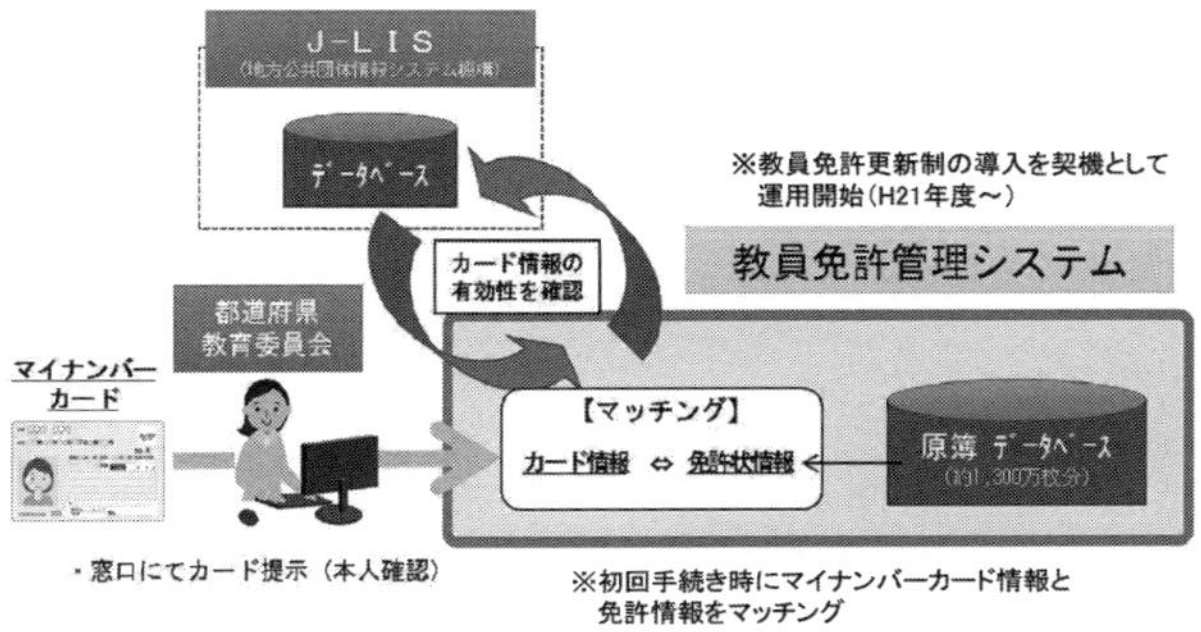

【事業スキーム】

・補助金を拠出（10/10）

国 ⇨ 「都道府県」又は「都道府県の連携の主体となる団体」 ⇨ 民間事業者

出典：「マイナンバーカードの利活用に係る教員免許管理システムの機能強化」（文部科学省）

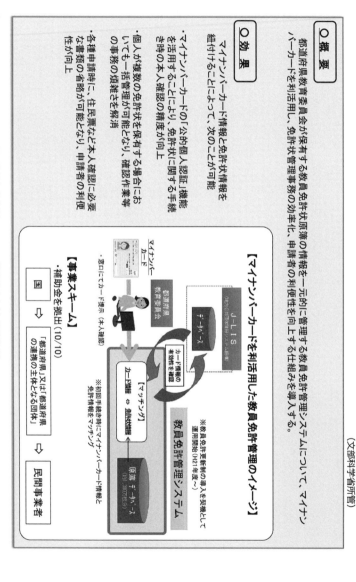

示されます。「初回手続き時にマイナンバーカード情報（電子証明書の発行番号のこと：引用者）と免許情報をマッチング」も含め、健康保険証の場合と瓜二つです。

■万能の身分証明書の誕生

文部科学省が作成したこの絵（**図13**）にある教員免許状を、安全衛生関係各種免許や、技能講習修了証明書、技能士台帳、大学等における職員証・学生証、お薬手帳、ハローワークカード、ジョブ・カード、運転経歴証明書、障害者手帳などに置き換え、それぞれの原簿データベースとつなげば、マイナンバー利活用方針が示しているマイナンバーカードと各種カードなどとの一体化は実現できてしまいます。

マイナンバーカードのＩＣチップに免許や資格などの情報を記録する必要はありません。免許や資格などの情報を記録したサーバーを整備し、マイナンバーカード（電子証明書の発行番号）を鍵として、免許や資格などの情報を引き出せるようにすれば、マイナンバーカードを様々な免許や資格確認が可能なカード、万能の身分証明書にできるのです（**図14**）。マイナンバーカードと各種カードなどとの一体化は、決して夢物語でも、壮大なほら吹きでもありません。

マイナンバー利活用方針が公的サービス等での利用拡大の推進として「高齢者向けの公共交通サービスにおける資格確認や精算、検診結果や予防接種情報等の母子保健情報を閲覧できるサービスでの本人確認、大規模音楽・スポーツイベント等でのボランティアの入場管理における本人確認等、公的・民間サービス提供における様々な場面でマイナンバーカードを活用する機会を創出し、その横展

図14

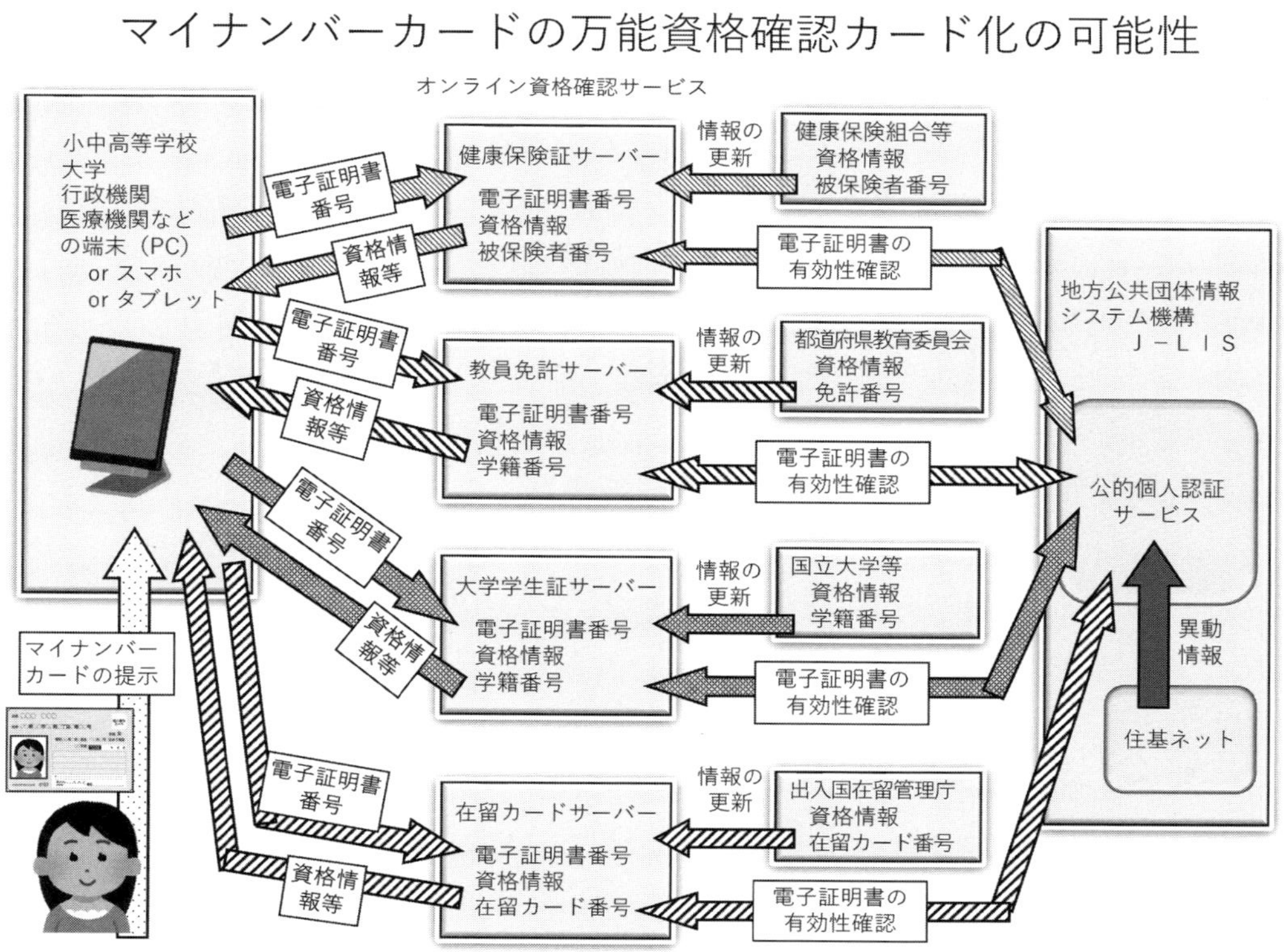
マイナンバーカードの万能資格確認カード化の可能性
オンライン資格確認サービス
小中高等学校
大学
行政機関
医療機関など
の端末（PC）
or スマホ
or タブレット
マイナンバーカードの提示
電子証明書番号
資格情報等
健康保険証サーバー
電子証明書番号
資格情報
被保険者番号
情報の更新
健康保険組合等
資格情報
被保険者番号
電子証明書の有効性確認
教員免許サーバー
電子証明書番号
資格情報
学籍番号
都道府県教育委員会
資格情報
免許番号
大学学生証サーバー
電子証明書番号
資格情報
学籍番号
国立大学等
資格情報
学籍番号
在留カードサーバー
電子証明書番号
資格情報
在留カード番号
出入国在留管理庁
資格情報
在留カード番号
地方公共団体情報
システム機構
J－LIS
公的個人認証
サービス
異動
情報
住基ネット

黒田充作成

開を推進する」としているのも、いま述べた手法でのマイナンバーカードの利活用を想定したうえでのことでしょう。

デジタル基盤ＷＧ第２回会合の配付資料「課題の整理」を思い出してください。そこには「各種免許・国家資格等：運転免許証その他の国家資格証のデジタル化、在留カードとの一体化、クラウドを活用した共通基盤等の検討」とあります。クラウドを活用した共通基盤とは何でしょう。「骨太の方針２０２０」にも「各種免許・国家資格、教育等におけるマイナンバー制度の利活用について検討する。必要に応じて共通機能をクラウド上に構築する」とありますから、免許や資格などの情報を記録したサーバーを個別に作るのではなく、効率性を考慮し共通化させよう、一括管理しようという思わくなのでしょう。

おそらくほとんどの人たちはこうした形でのマイナンバーカードの利用が可能であることや、政府がこうした方向へとマイナンバーカードの利用拡大を進めようとしているとは全く想像していないのではないでしょうか。公的個人認証の電子証明書を使ったマイナンバーカードの利活用は、「マイナンバーカードの万能身分証明書化」へと、今やまさに暴走を始めようとしているのです。「マイナンバーカードを落としたら怖いね」「私はマイナンバーカードを持ちません」といった話でいつまでも留まっている余裕はもはや私たちにはありません。これで本当に良いのか真剣に議論することが必要でしょう。

■「マイナンバーカードが身分証明書に」の意味

政府が盛んに言ってきた「マイナンバーカードは身分証明書にもなります」という言葉の本当の意味は何かを考えてみましょう。マイナンバーカードに書かれているのは、氏名や住所、生年月日、そしてマイナンバーといった限られた情報だけです。証明できる事項はたかが知れています。しかし、ここで示した公的個人認証の電子証明書を活用する手法を使えば、マイナンバーカードで免許や資格だけでなく「あなたの何もかも」がパソコンやタブレット、スマホの画面に表示される時代を招き寄せることができます。

健康保険証化によりマイナンバーカードを取得しているのは当然になり、運転免許証をはじめ各種の免許証・資格証、職員証、学生証、社員証などと一体化し、さらにマイナンバー利活用方針にあるように「高齢者向けの公共交通サービスにおける資格確認や精算、大規模音楽・スポーツイベント等でのボランティアの入場管理等、公的・民間サービス提供における様々な場面」で使われるようになれば、持ち歩くのが〝普通〟になります。持ち歩くのが〝普通〟になれば、持ち歩いていない者は〝異常〟――携帯できない何か特別な理由がある――とされるでしょう。マイナンバーカード取得の事実上の義務化、さらに常時携帯の事実上の強制へと道は開かれていくことになります。

また、中長期在留外国人に交付されている在留カードとマイナンバーカードの一体化も進められようとしています。2019年12月20日に改定された「デジタル・ガバメント実行計画」の「マイナンバーカードを活用した各種カード等のデジタル化等に向けた工程表」に検討事項の一つとして掲載されています。菅官房長官もデジタル基盤WG（第1回）で、この件について言及しており、「骨太の方針2020」にも「在留カードとマイナンバーカードとの一体化について検討を進め、2021年中に結論を得る」と書かれています。

在留カードをマイナンバーカードと一体化する理由は明らかになっていませんが、おそらく外国人労働者の増加に対する漠然とした不安を背景に管理強化を図りたいのでしょう。ツイッターなどで「在留外国人労働者にはマイナンバーカードを義務付け、収入や資産も捕捉し管理すべき」といった趣旨の発言を繰り返し、支持を集めている国会議員もいます。

やがて、安心・安全、治安維持、テロ対策などを口実に、こんな光景が日常になるかも知れません。

夜の街路を歩いていると、警察官から声をかけられる。

「この近くでちょっとした事件がありましたので」とマイナンバーカードの提示を求められる。

……持っていなければたちまち〝不審人物〟扱いに……

警察官は、あなたからマイナンバーカードを受け取り、警察から支給されたタブレットにかざす。

タブレットの画面には、あなたが持つ免許や資格、そして国籍などの個人情報も表示される。

……あなた自身が知らないあなたに関する情報も表示されるかも……

「教員免許お持ちですか。勤務先は……か。しかし、どうしてこんな時間にこんな場所にいるのですか。ほおっ、危険物取扱の資格も」と言いながら、タブレット画面の上で指を盛んに動かす。

（信用スコアは４００点か、ちょっと低いな。犯罪可能性ランクはＢか。政治的傾向は…なるほど）

「ちょっとお聞きしたいことがありますから、署までご同行願えますか」

私は悪いことなどしていないし、することもないだろうから、個人情報を見られても、たとえ署まで同行を求められても何の問題ないと思う方もいるかも知れません。しかし、あなたの行動や行為が悪いことなのかどうかを判断するのは、あなた自身ではないのです。

マイナンバーカードを巡るもう一つ重要な問題点は、交付申請をするとＪ－ＬＩＳに申請した人たちの顔写真がデジタルデータとして、マイナンバーと紐付けられ記録されることです。

２０１７年5月16日の総務委員会で、日本共産党の山下芳生参議院議員が行った質疑により、マイナンバーカードの交付申請に使う個人情報と顔写真データが、警察の求めに応じＪ－ＬＩＳから提供され捜査に利用されていることが明らかになりました。「山下氏は、すでに警察は顔写真データをもとに、防犯カメラ映像等から特定人物を照合・追跡できる顔認証システムを使った捜査をしていることを確認したうえで、『仮に共謀罪が成立した場合、Ｊ－ＬＩＳに顔写真データを求めることはないと言えるか』と追及。警察庁の高木勇人審議官は『現在も潜在的な犯罪についても捜査している。テロ等準備罪においても変わらない』と述べ、否定しませんでした。山下氏は『マイナンバーカード情報と（警察捜査が）リンクすると恐ろしい監視社会になる』と危険性を告発しました」（「しんぶん赤旗」２０１７年5月19日）

政府は２０２３年3月末までにほとんどの住民がマイナンバーカードを保有するとしていますから、２０２３年3月末までにほとんどの国民等のデジタル化された顔写真を政府――Ｊ－ＬＩＳは地方共同法人ですが、実質的には総務省傘下の行政機関です――は入手することになります。

■顔認証がもたらす安全で清潔な社会

すでに顔認証の問題点についてはお話をしました。もし、Ｊ－ＬＩＳのサーバーと、街頭や公共施設、駅、ショッピングセンターなどの商業施設等に設置された監視（防犯）カメラが連動することになれば、何が起きるでしょうか[54]。

「毎日新聞」（２０１９年12月27日）は、中国の上海に近い江蘇省無錫市交差点の監視カメラについて報じています。

交差点の監視カメラが信号無視など交通ルールに違反した歩行者や自転車を自動で探知。撮影した画像の顔写真と、当局が保有するデータを照らし合わせて本人を特定し、5分以内に（繁華街に設置された大型）モニターに表示する。特定率は95％以上といい、違反者には警察から連絡が入り、罰金が命じられる仕組みだ。

モニターには、一部がモザイクで隠されてはいるものの、名前や身分証の番号まで表示されるといいます。こうしたいわば見せしめのシステムは、上海、南京、洛陽など他の大都市でも導入が進んでいるようです。南京市のシステムは、より迅速で「道路横断や信号無視などの違法行為が自動検知されると、顔認識システムを通して運転者データベースや住民情報データベースと自動照合し、違反者の身分情報を取得。約5秒で違反者の顔の画像と氏名、ＩＤ番号などの情報を交差点の大型ディスプレー上に映し出すことができる」（「AFPBB News 日本語版」２０１９年7月28日）といいます。

これを気持ち悪いと思うのか、安全になって良いと思うのかは価値観の問題かも知れません。事実、マナーが良くなった、街がきれいになったという声も中国では多いようです。しかし、顔認証には絶対はありません。軽い交通違反で顔が晒されるだけならまだたいしたことではないかも知れませんが、人違いによって深刻な人権侵害に巻き込まれる可能性は捨てきれません。

街角で何気なしに行った行為や、ちょっとしたミスや悪ふざけが、個人を特定した形で記録され、プロファイリングのためのデータの一つに使われることで、排除や制限、規制につながることもあり得ます——どうして私は合格しないのか、採用されないのか、昇進しないのか、融資を断られるのか、行政手続が後回しにされるのか、信用スコアが一向に上がらないのか。若気の至りが一生ついて回ることになるかも知れません[55]。

こうした照合は、リアルタイムである必要は必ずしもありません。監視カメラなどから得てため込んだ膨大な動画や写真と、顔データとを時間がかかったとしても、照合する——もちろんＡＩを使って自動的に——価値はあります。なぜ、香港で民主化を求める人たちがデモや集会でマスクをしていた（中には、そろいの黒シャツにヘルメットとゴーグルをする若者も）のかを考えれば自ずとその理由はわかるはずです。監視カメラの画像と蓄積された顔データを使えば、その集会にいたのは誰なのか、駅頭でビラを配っていたのは誰なのか、受け取ったのは誰なのか、首相の演説にヤジを飛ばしたのは誰なのか、必要に応じて後からいつでも自由に知ることができるでしょう。

そして、今、まさに注意しなければならないのは、新型コロナウイルスの感染拡大の下で、そこにいたのは誰なのかを知りたい欲求が、政府だけでなく一般の人々の間にも広がっていることです。果たしてどこまでなら許されるのか、許容すべきなのか、もしくはダメなのか、監視カメラの規制も含め、議論し合意を積み上げていくことが必要でしょう。

54 今や、個人が設置したものも含めて、街中に監視（防犯）カメラが溢れていますが、日本にはこれらの設置や管理を規制する法律は未だにありません。

55 山本龍彦・慶応大学教授は、ＡＩに不適正の烙印を押されたことで、社会的に排除された者たちが仮想空間でスラムを形成して、溜まり続けることを「バーチャル・スラム」と呼んでいます（『おそろしいビッグデータ』）。

第8章

今、必要なことは何か

■まずは「正しく知る」こと

今、最も大事なことは、マイナンバー制度の姿を「正しく知る」ことであり、国内だけでなく世界も含めた「大きな流れの中で見る」ことです。そしてもちろん、その真の目的もです。思い込みや、誤解に基づいていた理解で、マイナンバー制度反対と言ったところで、残念ながらどうにもなりません。

最も顕著な誤解は「マイナンバーカードの普及が遅れているから、もうマイナンバー制度は失敗した」との思い込みでしょう。普及が遅れているのは事実ですが、「失敗した」は事実ではありません。当初の予定に比べればマイナンバーカードの普及は遅れていますが、マイナンバーの利用拡大という点では、ほぼ順調に進んでいると言ってよいでしょう。反対の声が大きくなると思われた銀行口座へのマイナンバーの紐付けの義務化も、新型コロナウイルスの感染拡大の〝お陰〟で一挙に進みそうです。

また、住基ネット失敗論も甚だしい誤解です。12桁のマイナンバーは、11桁の住民票コードを変換して作られており、マイナンバー制度の根幹である「各人が受け取る番号は1つだけ」「特定の番号は1人にのみ付番される」を担保しているのは住民票であり住基ネットです。また、情報提供ネットワークシステムや公的個人認証のシステムに、氏名や住所などの住民票情報を提供しているのも住基ネットです（91頁の図6参照）。マイナンバー制度がスタートしたことにより、住基ネットも住民票コードも裏方に回り、表から見えにくくなっただけです。住基ネットが下から支えないとマイナンバー制度は機能しないのが現実なのです。

マイナンバーカードの機能をスマホに載せることも、マイナンバーカードを健康保険証や運転免許証にすることも、全てマイナンバー制度が始まる前から決まっていた計画です。カードの普及が進まないから、政府が急に出してきた話だと思うのもまた誤解です。当初から、そういう計画があったことをほとんどの人たちが知らなかっただけです。

マイナンバー制度の出発点は、社会保障費の削減を狙った社会保障番号です。個人情報を名寄せし、プロファイリングし、あなたが真に支援が必要な人なのかどうかを見極めるのがその役割です。そこに納税者番号としての機能が乗っかり、実現されたのがマイナンバー制度です。行政機関等によるマイナンバーの利用は広がり続けています。マイナンバーと紐付けられる個人情報もまた増え続けています。マイナンバーを使った名寄せによるプロファイリングが始まるのは、まだ先ですが、準備は着実に進んでいます。「マイナンバーが漏れたら怖い」という話で留まっている余裕は、私たちにはもうありません。

日本の個人情報保護の意識は高いというのも甚だしい誤解です。ヨーロッパでは、プロファイリング規制が始まっていますが、残念ながら日本ではプロファイリングという言葉自体がほとんど知られていません。また、顔認証についても欧米では行政機関等が使用することへの反発が強まっています。しかし、日本では〝便利〟が先行し、危惧する声はほとんど聞こえてきません。個人情報保護の議論は、欧米に比べ格段に遅れているのが実態です。個人情報保護は、悪い奴に情報を盗まれないようにするセキュリティの話ではありません。焦点は利用しようとする政府や大企業をどう規制するかです。

マイナンバーカードの最も重要な問題点は「落とすと危ない」ではなく、中に入っている公的個人認証の電子証明書がどう扱われていくのかです。電子証明書の発行番号は、利用規制を受けることもなく野放しのうえ、政府は企業に対し、その利用を奨励している有様です。マイキーＩＤも同様です。しかしながら、残念なことに、発行番号の利用どころか、公的個人認証や電子証明書の存在自体がほとんどの人に認知されていません。これでは、規制を求める運動も起きようがありません。

マイナポイント事業がマイナンバーカードを普及させるためのものというのも誤解です。狙いは、マイキーＩＤを活用した官民共同利用型キャッシュレス決済基盤の構築です。そしてその先に待っているのは、プロファイリングによって算出される「信用スコア」によって、私たち一人ひとりが値踏みされ、選別や排除が行われ、基本的人権の侵害が常態化する社会かも知れません。

「マイナンバーカードが健康保険証になっても、私はマイナンバーカードを持たない。今の健康保険証を使う」というのも、誤解です。マイナンバーカードが健康保険証になった暁に待っているのは、健康保険証の廃止です。国民皆保険制度ですから、マイナンバーカードを持たない自由はなくなります。

「マイナンバーカードが健康保険証になれば、医療情報がマイナンバーカードに記録される、医療情報がマイナンバーに紐付けられる」も誤解です。マイナンバーカードは健康保険の資格確認に使われる〝だけ〟です。注意しなければならないのは医療・保健・介護の情報につながる医療等分野の識別子の方であり、これがマイナンバーとどうつながるかです。こうした仕組みが私たちを努力した者とそうでない者に仕分ける役割を果たすことになります。

「マイナンバーカードを健康保険証に」は、公的個人認証の電子証明書を利用することで実現されます。この方式がうまく行けば、マイナンバーカードは様々な免許や資格が確認できる万能の身分証明書へと進んでいくことになるでしょう。その先には、一体いかなる未来が待っているのでしょうか。

■「漏れたら怖い」から「プロファイリングされない権利」へ

マイナンバーが本当に怖いのは、漏れて悪用されることではありません。マイナンバーを使って、私たちの個人情報が名寄せされ、プロファイリングされ、評価、分類、選別、等級化され、誘導や制限、排除、優遇などを受けることです。プロファイリングをするのは犯罪者ではありません、政府や大企業が合法的に行うのです。プロファイリングを行ううえで、マイナンバーが重要視されるのは、1億2700万人の中から確実に一人を特定でき、個人情報と結びつけることで、氏名や住所、性別がたとえ変わったとしても、生涯にわたって正確な名寄せができるからです。こうした機能においてマイナンバーに優る番号は日本には存在しません。

このまま「ボーっと生きて」いるだけでは、やがて個人情報が集められていることも、名寄せされていることも、プロファイリングされていることも意識することなく、そして選別されたり排除されたり、コントロール——自分の意思だと勘違いしたまま——されたりしていることも、自分のスコアが上下する理由も、一切知る術もなければ、知る必要性すら感じることのない社会に、私たちは住むことになるでしょう。そこはジョージ・オーウェルのディストピア小説『一九八四年』的な監視社会ではなく、監視されていることを気に留めなければ、便利なサービスが提供される安全で快適な、ある意味〝幸福な社会〟なのです[56]。もちろん憲法が改悪され、地球のどこかで行われるアメリカの戦争に参加させられる監視社会の方が先に訪れる可能性も大いにあります。しかし、その場合も『一九八四年』にあるように、戦争は生活への不満をそらし、国民の一体感を高めるための〝娯楽〟として提供され、消化されることになるでしょう。

マイナンバー制度が始まったのは２０１６年1月です。もうすぐ5年です。そろそろ「漏れたら怖い」から「プロファイリングされない権利」を求める運動へと切り替えていかなければなりません。繰り返しになりますが、そのためには、マイナンバー制度の姿を、目的を、そしてもたらすものを「正しく知る」ことです。まずは、そこからです。

56 監視社会が、どう〝幸福〟なのかは、前掲の梶谷懐、高口康太『幸福な監視国家・中国』や、オルダス・ハクスリー『すばらしい新世界』をぜひご参照ください。なお、『幸福な監視国家・中国』はおよそ〝幸福〟ではない新疆ウイグル自治区の『一九八四年』的世界も批判的に紹介しています。

あとがき　――〝空っぽ〟の菅首相のデジタル化政策――

安倍内閣が総辞職し、菅義偉内閣が誕生したのは本書の校正を行っている最中でした。菅首相は安倍政治の継承を図るとし、目指す社会像について「自助、共助、公助」「まずは自分でできることは自分で」としています。これはマイナンバー制度のもととなった社会保障番号の理念と一致していますから、マイナンバー制度に関するこれまでの政策も大きく変わることはまずないでしょう。ですから、安倍政権から菅政権に変わったところで、残念ながら本書の内容を大きく書き換える必要はないと思います。

しかしながら、この間の菅氏の言動からは、いわゆる〝デジタル化〟を新政権の目玉に据えようと考えているように見えます。もともとＩＴ政策に関心を持っていなかったと思われる菅氏が、前のめりに進めようとしている点には、大いなる警戒が必要でしょう。そこで気になる点をいくつかあげてみたいと思います。

菅自民党新総裁は9月14日の記者会見で次のような発言（同日付けの産経フォトジャーナル「菅新総裁会見全文」より）をしています。「実は私、マイナンバーカード、去年から対応してきてたんです。これだけのお金をかけて、なかなか、（普及率が）12％でしたから、これを普及させようと思って、まずやったのが、厚生労働省に健康保険証として使えるような、こうしたことを厚労省としてました（自民党が公開している動画では「厚労省と喧喧諤諤しました」と聞こえる：引用者）。かなり強い抵抗があったんですけども、これは何とか協力してもらえるようにいたしました」「最終的にはマイナンバーカードがあれば、役所にわざわざ行かなくても24時間365日できるような、そうした方向にしたいというふうに思います」「私がなぜデジタル庁を作るといったかといえば、やはりどうしても各省庁が持っているんです。それを法律改正をしなければできませんから、思い切って、その象徴としてデータ庁を作ると」「私自身、このコロナ禍の中にあって、（令和2年度）第2次補正で光ファイバーに500億円予算つけてます。これは私、総務省が当初300億円の要求だったんですけども、こういう機会だから一挙に、日本全国に光ファイバーを敷設しようと思いまして、離島まで含めると500億円でできるということで、要求より200億円多くつけてます」

筆者がこの会見で受けた印象は、この人は結局のところマイナンバー制度やIT政策について何もわかっていないのではないか――国政全般についてなのかも知れませんが――です。

健康保険証化は、2015年5月のIT総合戦略本部のマイナンバー等分科会の会合に福田峰之内閣府大臣補佐官（当時）が提出した「マイナンバー制度利活用推進ロードマップ（案）」にすでに記載されていますし、翌月に開催されたIT総合戦略本部の会合で議論され改定された「世界最先端IT国家創造宣言」にも、「2017年7月以降早期に医療保険のオンライン資格確認システムを整備し、個人番号カードを健康保険証として利用することを可能とする」と書かれています。菅氏がマイナンバーカードを「普及させようと思って」、健康保険証化を厚生労働省に働きかけたとする話は、〝全く当たりません〟。この会合には菅氏も内閣官房長官として出席していますし「世界最先端

ＩＴ国家創造宣言」は同日に閣議決定されています。菅総裁は「去年から対応してきてた」としていますが、これまでの経緯を知らないはずはありません。もし、全て忘れているのなら、首相としてふさわしい人物だとはとても言えないでしょう。

また、菅総裁は「かなり強い抵抗があったんですけども」と言いますが、厚生労働省が自ら設けた「医療等分野における番号制度の活用等に関する研究会」が２０１５年12月にとりまとめた報告書には、オンライン資格確認は「個人番号カードの公的個人認証を活用した仕組みを基本とすることが合理的である」とすでに書かれています。厚生労働省が抵抗したとしても、それは２０１５年より前の話のはずです。ところが菅総裁は「（普及率が）12％でしたから、これを普及させようと思って」と言います。12％だったのは２０１８年12月です。時期的な辻褄が全くあいません。菅総裁は何か勘違いされているのか、それとも首相就任を目の前にして自分を大きく見せるために「話を盛った」のでしょうか。

なお、「マイナンバー制度利活用推進ロードマップ（案）」を提出した福田氏は、当時、自民党ＩＴ戦略特命委員会の下に設けられていたマイナンバー小委員会委員長をも務めていましたが、特命委員会の委員長は、今回の組閣で菅首相が、デジタル改革、及び、情報通信技術（ＩＴ）政策担当の内閣府特命担当大臣（マイナンバー制度）に選んだ平井卓也氏です。

次に「24時間３６５日」の話です。これは行政機関等へのオンライン申請のことでしょう。しかし、マイナンバーカードとオンライン申請は本来、別の課題であり、マイナンバーカードは本人確認に使われているだけです。マイナンバーカードのようなＩＣカードがないもとでもオンライン申請が実現している国はたくさんあります。オンライン申請の実現に向けて議論すべきなのはＩＣカードではなく、本人確認の方法や識別子（ＩＤ）のあり方です。因みに「２００3年までに、国が提供する実質的にすべての行政手続きをインターネット経由で可能とする」とうたわれたe－Ｊａｐａｎ戦略が、ＩＴ戦略本部（本部長：森喜朗首相）で決定されたのは２００1年1月です。十年一日どころの話ではありません。

菅氏が目玉政策にしているデジタル庁は、オンライン申請の実現へ役割を果たすものと思われますが、彼は、記者会見で「やはりどうしても各省庁が持っているんです」と話しています。行政機関がそれぞれバラバラに国民等の個人情報を持っていることが障害になっている思い込み、一元管理する組織としてデジタル庁を考えているのなら、住基ネット違憲訴訟で示された最高裁の合憲判決（個人情報を一元的に管理することができる機関または主体は存在しない）との関係が問題になるでしょう。9月23日には、早くも菅首相はデジタル庁設置に向け、「デジタル化の利便性を実感できる社会をつくっていきたい」とする「デジタル改革関係閣僚会議」を開催しています。開いたのはデジタル・ガバメント実行計画（２０１9年12月閣議決定）をとりまとめた「デジタル・ガバメント閣僚会議」ではなく、新たに「会議」を発足させたようです。デジタル・ガバメント閣僚会議との関係はどうなるのでしょうか、廃止されることになるのでしょうか。もともとＩＴ政策には関心があるとは思えない菅首相は、官房長官として出席していたにもかかわらず、ひょっとするとデジタル・ガバメント閣僚会議の存在も忘れてしまったのかも知れません。

この新しい会議で配付されたのは、首相官邸のウェブサイトによれば、表紙を含めたった4枚の「デジタル化の現状・課題」と題された資料だけです。デジタル・ガバメント閣僚会議のような運営要領も構成員を示す文書もありません。「デジタル化の現状・課題」には、「喫緊に取り組むべき事項」として「デジタル社会のパスポートたる『マイナンバーカード』の更なる活用」、「公金振込口座の設定を含め預貯金口座とマイナンバーの紐づけの在り方」などが示されるとともに、デジタル庁の参考にするためか「諸外国のデジタル関連組織の体制」（米国、英国、シンガポール、エストニア）が紹介されています。

ところで、日本の政府と国民に向けて嫌みたっぷりのツイートをしばしば放つ駐日デンマーク大使館の公式アカウントが、デジタル改革関係閣僚会議の前日の22日に、ツイッターにこんな投稿をしています（傍線は筆者）。

デンマークは1968年に日本のマイナンバーに相当する社会保障番号を導入し、2011年には財務省の下にデジタル庁を設置して今日では国連電子政府ランキングで1位になりました。デンマークがデジタル化を進めたのは主に手厚い福祉を効率的に提供するためです。

一方、菅首相は、デジタル改革関係閣僚会議において、「（デジタル庁の創設により）デジタル化の利便性を実感できる社会をつくっていきたい」とする原稿を読み上げています。しかし、デジタル化は手段であって、国家の目指すべき目標ではありません。また、平井卓也大臣とともにデジタル化を推進する河野太郎内閣府特命担当大臣は「はんこをやめる」ことを、さも中心課題であり核心のように盛んにアピールしています。こうした菅新政権の〝空っぽ〟のデジタル化をデンマークと比べるのは詮無きことですが、その落差には驚き呆れるばかりです。なお「はんこをやめる」が行政機関の中だけでなく、実印と印鑑証明書の廃止など人々の生活にまで広がっていけば、はんこの代わりとして、ネット上でも実生活でも本人確認に使われるのは、公的個人認証の電子証明書です。やはり私たちはマイナンバーカードを持たざるを得なくなるようです。

さて、寄り道をしましたが、もう一度、菅総裁の14日の会見に戻ります。光ファイバーの話は、総務省所管の無線システム普及支援事業（高度無線環境整備推進事業）のことです。これは主に過疎地、辺地、離島、半島、山村、特定農山村、豪雪地帯といったいわゆる条件不利地域において、自治体や第三セクター、民間事業者などが、5G等の高速・大容量無線環境の実現に向けた無線局の開設に必要な光ファイバーの整備（伝送路設備、局舎等）を行う場合に、事業費の3分の1から3分の2の補助を行うものです。

総務省によれば2019年末現在で光ファイバーの未整備地域の世帯数は66万世帯（総世帯数の約1.1%）です。無線システム普及支援事業は、こうした地域――おそらくその全てが条件不利地域でしょう――を対象としたものであって、菅総裁の言う「日本全国に光ファイバーを敷設しよう」という事業ではありません。

そもそも民間企業などの手によって光ファイバーの敷設は、こうした地域を除いてすでに完了しています。2006年1月に小泉政権下で決定されたIT新改革戦略は、光ファイバーなどによる高速大容量の通信であるブロードバンドを利用できない地域（ブロードバンド・ゼロ地域）を2010年度までにゼロにするとしていました。2006年当時ですらブロードバンドを利用可能な地域の世帯数はすでに全世帯の94％に達していましたから、日本全国に光ファイバーをと唱える菅総裁の頭の中は、いったいいつから止まったままなのでしょう。

因みに、菅氏は2006年に発足した第一次安倍政権では総務大臣を務めており、議事録によれば2006年6月のIT戦略本部の会合において「総務省では……2010年度のブロードバンド・ゼロ地域解消……を目標どおり実現をしたいと思います」と自ら発言――原稿を読み上げただけ？――しています。この人に首相を任せて本当に大丈夫なのでしょうか。

なお、郵便や固定電話、放送、電力などと同様に、全ての国民に5G等の高速・大容量無線環境を提供することは、ユニバーサルサービスであり国の責任であるとする考え方も当然ありますから、ここでは事業自体の賛否は横に置いておきます。

もう一つの懸念は菅首相によってマイナンバー制度担当大臣に任じられた平井卓也氏（元電通社員であり、香川のテレビ局「西日本放送」の元社長）が何をするのかです。「マイナンバーカードはデジタル時代のパスポート」などと唱える平井氏は長年、自民党のIT戦略特命委員長を務め、同党の中では最も熱心にマイナンバー制度に関わって来た議員です。マイナンバー制度利活用推進ロードマップ（案）を「マイナンバー制度利活用（平井プラン）」として党内で作成したのも彼です。9月23日のデジタル改革関係閣僚会議の資料を作ったのも、おそらくそうでしょう。

　平井氏は、2019年10月に同党のデジタル社会推進特別委員長に就任し、2020年6月11日には「COVID-19後の日本社会の在り方」を整理したとする「デジタル・ニッポン2020～コロナ時代のデジタル田園都市国家構想～」を同委員会でまとめています。「デジタル・ニッポン2020」には、2030年の「デジタル田園都市国家」においては「行政はデジタル化が進み、ほとんどの手続きはマイナンバーカードとスマホで完結できるので役所に出向く必要はほとんどない」と書かれています。

　筆者は大阪府松原市役所で17年間勤務していましたが、その時の経験を踏まえれば、「役所に出向く必要はほとんどない」社会の実現は、自治体の有り様をとことん変えない限り不可能です。住民が役所に来るのはマイナンバーカードとスマホでできるようなレベルの簡単な手続きのためだけではありません。どのような手続きが必要か、どのような制度があるのかわからずにやって来る住民や、税や健康保険、年金、福祉、教育など様々な相談事で市役所を訪れる住民も多数います。この文書をまとめた人たちは、住民と接する市区町村の仕事を全く理解していないのでしょう。また、これからますます高齢化――その多くはパソコンやスマホを使いこなせない――が進むのですから、詰まるところ、デジタル田園都市国家では、これらを使いこなせない人たちは切り捨てられることになります※。

　「デジタル・ニッポン2020」は「今回のパンデミックでマイナンバーカードへの関心が高まった機を逃さず、現状の課題を克服し、さらなる普及に向けた提言を行う」として、「マイナンバーの提供・利用制限の緩和」「マイナポータルを活用したサービスの拡充」「技術動向を見極めたカード仕様の見直し」「公的個人認証サービスの電子証明書発行番号管理規制」をあげています。コロナ禍で生じている問題をどう解決していくのかではなく、コロナ禍をチャンスとしてマイナンバー制度を進めようと考えているのです。まさに本末転倒です。

さて、マイナンバー制度と関連しているにも関わらず本書で触れることが出来なかった事柄が二つあります。一つは、2020年7月に改定され閣議決定された官民データ活用推進基本計画と、その根拠となっている官民データ活用推進基本法（2016年12月制定）についてです。そして、もう一つは国家戦略特区としてのスーパーシティ構想についてです。もし機会があればあらためて詳しく論じてみたいと思いますが、以下ではスーパーシティ構想についてのみ、ごく簡単にご紹介したいと思います。

「スーパーシティは、様々なデータを分野横断的に収集・整理し提供する『データ連携基盤』を軸に、地域住民等に様々なサービスを提供し、住民福祉・利便向上を図る都市」（「スーパーシティ」構想について　内閣府地方創生推進事務局　令和2年9月）とされています。データ連携基盤は、政府や自治体、地域、民間企業、個人などの複数の主体からデータを収集・整理し、AIやビッグデータを積極的に活用した先端的なサービスの開発・実現を支えるしくみです。民間企業などは、このデータ連携基盤から得たデータをもとに、特区で暮らす住民に対して様々なサービスを展開することになります。そして、そのために住民一人ひとりについての基本的な個人情報をデータ連携基盤に流し込むのはスーパーシティが存する自治体です。

自治体が保有する住民の個人情報が民間企業などに提供されること自体も問題ですが、大事なのは提供された情報がどう使われるのかです。読者のみなさんはもうおわかりだと思います。それは集めた個人情報をもとに住民を評価することで分類や選別、等級化を行い、特定の目的に沿った誘導や制限、排除、優遇を実施するためのプロファイリング——特区の住民に的確なサービスを提供するには必要不可欠——での活用です。

スーパーシティ構想を安倍政権で地方創生担当の内閣府特命担当大臣としてまとめた自民党の片山さつき参議院議員は、自著『「スーパーシティ」社会課題を克服する未来のまちづくり』(2020年7月、学校法人先端教育機構)の中で「スーパーシティの内部であっても、マイナンバー法でその利用が認められているものであればその手続きに従って使用が可能ですし、認められていなければ使えないということになります」としながらも、「一方で、スーパーシティとして選定された地域の方から、マイナンバー法の制度改正を行ってでもデータを使いたいという要望があれば、それ自体を規制改革の一事項として取り上げ、関係省庁等との議論のうえでその是非について検討することになるでしょう」としています。さすがに元財務省官僚です。マイナンバーを使う気が充分あるのに、責任を相手に投げています。

なお、片山氏は、地方創生担当大臣(当時)として、中国政府との間で地方創生に関する協力を強化する覚書を2019年8月30日に交わしています。NHKは「最先端技術の実証実験を街全体で行う『スーパーシティ』の整備に向け、先行する中国と連携を強化することで、実現に弾みをつけるねらいがあるものとみられます」(9月3日)と報じています。『幸福な監視国家・中国』(梶谷懐)と覚書を交わすというたいへんきな臭い話ですが、このまま突き進めば、スーパーシティは『一九八四年』的な監視社会ではなく、本文で指摘した「監視されていることを気に留めなければ、便利なサービスが提供される安全で快適な、ある意味〝幸福な社会〟」を日本全土で実現するためのプロトタイプとしての役割を果たすことになるでしょう。民間企業に個人情報を渡せば、漏れるかも知れない、セキュリティが心配だ、目的外利用されるかも知れないと怖がるだけでなく、プロファイリングされる怖さをも理解した上で、スーパーシティ構想も批判していくことが必要ではないでしょうか。

まだまだ述べたいことは山のようにはありますが、ここは「あとがき」ですので、このあたりで筆をおくことにします。

最後に、筆者からの企画の提案に快く応じてくださった日本機関紙出版センターの丸尾忠義さんへの感謝の意を表したいと思います。ありがとうございました。

2020年9月　黒田　充

※デジタル化と市役所等の窓口の問題については「月刊自治労連デジタルHP」(2020年9月号)所収の「デジタル化と公務労働～窓口業務の役割から考える」(自治労連専門委員・地方自治問題研究機構主任研究員　久保貴裕)がたいへん参考になります。久保氏は「自治体の窓口業務は、『人(職員)が介在しなければならない業務』であり、デジタルで無人化できる自動販売機のような業務ではありません」と指摘しています。

【主な参考文献】

Götz Aly, Karl Heinz Roth "Die restlose Erfassung: Volkszaehlen, Identifizieren, Aussondern im Nationalsozialismus" 2000 'Fischer Taschenbuch

石村耕治「ドイツの分野別限定番号制度　共通番号は憲法違反の国」『共通番号制度のカラクリ　マイナンバーで公平・公正な社会になるのか?』２０１２、現代人文社

今井照『２０４０年　自治体の未来はこう変わる!』２０１８、学用書房

石井夏生利『新版　個人情報保護法の現在と未来　―世界的潮流と日本の将来像』２０１７、勁草書房

岩田昭男『キャッシュレス覇権戦争』２０１９、ＮＨＫ出版新書

宇賀克也『番号法の逐条解説　第2版』２０１６、有斐閣

ジョージ・オーウェル（高橋和久訳）『一九八四年』２００９、ハヤカワｅｐｉ文庫

梶谷懐・高口康太『幸福な監視国家・中国』２０１９、ＮＨＫ出版新書

エルンスト・クレー（松下正明監訳）『第三帝国と安楽死　生きるに値しない生命の抹殺』１９９９、批評社

岡村久道『番号利用法　―マイナンバー制度の実務』２０１５、商事法務

黒田兼一「ＡＩの進展と公務労働」『住民と自治』２０１９年4月号所収

黒田兼一「『スマート自治体』構想と公務労働」『経済』２０２０年3月号所収

黒田兼一・小越洋之助編『働き方改革と自治体職員　―人事評価、ワーク・ライフ・バランス、非正

【主な参考文献】

規職員、ＡＩ・ロボティクス』２０２０、自治体研究社

黒田充『Ｑ＆Ａ 共通番号ここが問題 ―解体される社会保障 仕分けられる国民』２０１１、自治体研究社

黒田充『マイナンバーはこんなに恐い！ 国民総背番号制が招く〝超〟監視社会』２０１６、日本機関紙出版センター

佐賀達也「マイナンバーカード強制に反対する自治体労働者」『経済』２０２０年３月号所収

週刊東洋経済編集部編『データ階層社会』２０１８、東洋経済ｅビジネス新書

白石孝・石村耕治・水永誠二編『共通番号の危険な使われ方 マイナンバー制度の隠された本質を暴く』２０１５、現代人文社

白藤博行・岡田知弘・平岡和久『「自治体戦略２０４０構想」と地方自治』２０１９、自治体研究社

高田敏・初宿正典『ドイツ憲法集 第５版』２００７、信山社

西垣通『ビッグデータと人工知能 可能性と罠を見極める』２０１６、中公新書

西垣通・河島茂生『ＡＩ倫理 人工知能は「責任」をとれるのか』２０１９、中公新書ラクレ

西村友作『キャッシュレス国家 「中国新経済」の光と影』２０１９、文春新書

財団法人・納税協会連合会編『グリーンカードの手引』１９８１、清文社

オルダス・ハクスリー（黒原敏行訳）『すばらしい新世界』２０１３、光文社古典新訳文庫

浜砂敬郎『統計調査環境の実証的研究 日独比較分析』１９９０、産業統計研究社

原克『悪魔の発明と大衆操作 メディア全体主義の誕生』２００３、集英社新書

平松毅『個人情報保護　制度と役割』1999、ぎょうせい
平松毅『個人情報保護　理論と運用』2009、有信堂
藤野豊『強制された健康　日本ファシズム下の生命と身体』2000、吉川弘文館
エドウィン・ブラック（小川京子訳）『IBMとホロコースト　ナチスと手を結んだ大企業』2001、柏書房
宮下紘『EU一般データ保護規則』2018、勁草書房
山本龍彦『おそろしいビッグデータ　超類型化AI社会のリスク』2017、朝日新書
山本龍彦『プライバシーの権利を考える』2017、信山社
山本龍彦『AIと憲法』2018、日本経済新聞出版社
山本龍彦「〝C〟の誘惑　スコア監視国家と『内心の自由』」『世界』2019年6月号所収
米本昇平『遺伝管理社会　ナチスと近未来』1989、弘文堂

マ行

ヤ行

ラ行

図

ナ行

ハ行

タ行

サ行

事 項 索 引

【著者紹介】

黒田　充（くろだ　みつる）

1958年大阪市生まれ。自治体情報政策研究所代表。一般社団法人 大阪自治体問題研究所理事。元大阪経済大学非常勤講師。

大阪府立大学工学部電気工学科卒業後、松原市役所に就職し、総務、税務に携わる。1997年に退職し立命館大学大学院社会学研究科へ進学、修士号取得。

著作に、『地域・自治体運動のためのインターネット入門』(自治体研究社、2000年)、『「電子自治体」が暮らしと自治をこう変える』(自治体研究社、2002年)、『2011年、テレビが消える』(自治体研究社、2006年)、『Q&A共通番号　ここが問題』(自治体研究社、2011年)、『共通番号制度のカラクリ』(現代人文社、2012年、共著)、『マイナンバーはこんなに恐い！』(日本機関紙出版センター、2016年)、『税金は何のためにあるの』(自治体研究社、2019年、共著) などがある。

あれからどうなった？　マイナンバーとマイナンバーカード

待ち受けるのはプロファイリングと選別

2020年12月1日　初版第1刷発行

著者　黒田　充

発行者　坂手　崇保

発行所　日本機関紙出版センター

〒553-0006　大阪市福島区吉野3-2-35

TEL06-6465-1254　FAX06-6465-1255

DTP　Third

印刷・製本　シナノパブリッシングプレス

編集　丸尾忠義

ISBN978-4-88900-987-3